Der Urlauber!

Verhaltenstraining am lebenden Objekt!

Der Urlauber!

Verhaltenstraining am lebenden Objekt!

Ralph Schaper

Herstellung und Verlag:

BoD – Books on Demand, Norderstedt

ISBN 978-3-7347-6984-9

VORWORT

Liebe Leserinnen und Leser, warum ist dieses Buch über des Deutschen Lieblingsthema, Urlaub, genau das richtige für Sie?

Weil Sie regelmäßig in den Urlaub fahren?

Weil Sie sich freuen, wenn es endlich wieder soweit ist?

Weil Sie schon so viel Zeit und Arbeit in die Planung Ihres nächsten Urlaubes investiert haben?

Oder vielleicht, weil Sie sich erhoffen einige Anregungen zu erhalten, wie Sie Ihren nächsten Urlaub angenehmer und auch stressfreier gestalten können?

Egal auf welche Frage Sie sich konzentrieren, hier bekommen Sie eine Antwort. Klingt vermessen? Bin ich allwissend, wenn es um das Thema Urlaub geht?

Nein, natürlich nicht. Dies ist ein reiner Erfahrungsbericht der letzten 20 Jahre, kombiniert mit Werkzeugen aus dem Verhaltenstraining. Er resultiert aus Erlebnissen mit den unterschiedlichsten Menschen an den verschiedensten Orten.

Wir blicken auf Situationen vor oder während des Urlaubs, die wir wahrscheinlich alle schon mal erlebt haben.

Bevor wir allerdings mit den konkreten Themen beginnen, vorab noch ein wichtiger Hinweis für Sie.

Wenn Sie sich in diesem Buch in irgendeiner Art und Weise angesprochen fühlen, dann ist das Absicht. Denn genauso soll es sein. Wir sollten viel öfter mal darüber nachdenken, wie wir uns in manchen Situationen verhalten und was wir dadurch auslösen.

Möglicherweise geschieht vieles von dem, was Sie gleich lesen werden, unbewusst. Aber es geschieht. Und genau das ist einer der Gründe, warum dieses Buch für uns alle so wichtig ist.

Denn die Reaktionen, die wir Menschen durch unbewusstes Verhalten auslösen, können fatal sein.

Wie gesagt, falls Sie sich gleich wiedererkennen, prima. Wenn nicht, das heißt, wenn Sie ähnliche Erfahrungen gemacht haben wie ich, also andere Menschen und Situationen erlebt haben, bei denen Sie nur den Kopf geschüttelt haben. Dann wird es Sie darin bestätigen, Ihren Weg so weiterzugehen, wie Sie es bisher auch gemacht haben.

Sollte Ihnen während des Lesens jemand einfallen, der Freude daran hätte, dieses Buch auch einmal zu lesen, dann empfehlen Sie es gerne weiter.

Sind Sie bereit für die nackte Wahrheit?

DER URLAUBER!
„Geliebter Feind oder gehasster Freund"?

Wo wollen wir beginnen? Oder anders herumgefragt: Welche Hindernisse stellen sich uns bei der Umsetzung des jährlichen Haupturlaubes so in den Weg?

Darf ich an dieser Stelle mal ausnahmsweise nur von mir selbst sprechen, denn die Hindernisse die mir dabei jedes Jahr aufs Neue begegnen, sind zu vergleichen mit einer dicken, dreifachen Panzerplatte. Das erste Hindernis welches mir begegnet, das bin **ICH** selbst.

Es gibt nämlich immer genügend Ausreden für mich, dieses Thema vor mir herzuschieben. Keine Zeit, keine Lust mich zu informieren, schlechte Laune, keine Ideen, usw. Ich spreche bewusst nur von mir, denn auf Sie trifft das ja nicht zu.

Sie sind ja immer motiviert, voller Elan und Tatendrang in Bezug auf das Thema Urlaubsplanung, oder?

Wenn es mir dann gelungen ist das erste Hindernis so einigermaßen in den Griff zu bekommen, steht ruck zuck das zweite Hindernis vor mir. Ich nenne es mal das **DU-Hindernis**. Was kann das sein?

Das kann der Freund oder die Freundin sein, das kann der Ehepartner sein oder das können die Kinder sein, die alle einfach völlig andere Vorstellungen haben, was sie in ihrem Urlaub machen wollen.

Sollte es mir irgendwie Gelingen dieses DU-Hindernis ebenfalls so einigermaßen in den Griff zu bekommen, dann ist noch nicht Schluss. Sondern ruck zuck steht das dritte Hindernis vor mir. Ich nenne es mal das **ES-Hindernis**. Was kann das sein?

Das ES-Hindernis sind in der Regel irgendwelche materiellen oder physikalischen Grenzen, die uns einfach nicht erlauben das zu tun, was wir gerne tun würden. Wenn Sie dabei mal an Ihre eigene Urlaubsplanung denken – das können die überhöhten Preise sein, das können zu lange Flug- oder Fahrzeiten sein. Oder einfach nur das Überangebot im Internet mit all den Vergleichs- und Reiseportalen.

Und wenn wir uns diese drei Hindernisse einmal so anschauen und uns ehrlicherweise eingestehen, dass die bei jeder Urlaubsplanung immer wieder auf uns zukommen, stellt sich natürlich die Frage:

Wo können wir auf Anhieb etwas verändern, um uns selbst das Leben leichter zu machen?

Wie sieht es mit dem DU-Hindernis aus?

Können wir unser familiäres Umfeld auf Anhieb so verändern, dass alles reibungslos und optimal funktioniert?

Schwierig.

Wie sieht es mit dem ES-Hindernis aus? Können wir auf die oben angesprochenen Dinge kurzfristig Einfluss nehmen, damit die Entscheidungsfindung leichter fällt?

Genauso schwierig.

Das heißt, wo ist unsere einzige Chance zu beginnen? Richtig, bei **UNS**. Und zwar bei uns so zu beginnen, dass es uns leichter fällt mit diesen DU- und ES-Hindernissen besser fertig zu werden. Was das konkret heißt, damit werden wir uns im Laufe der nächsten Seiten beschäftigen.

Denn wenn wir wissen, dass wir auf diese ganzen Hindernisse im ersten Moment keinen Einfluss haben, dann ist es ja umso wichtiger, dass wir Freude an der Planung haben. Da das aber oftmals gar nicht so einfach ist, lassen Sie uns anhand einiger praktische Beispiele mal schauen, wie wir uns das Leben leichter und angenehmer gestalten können.

Wäre das eine schöne Sache für Sie?

Wann und wo beginnt denn unsere Urlaubsplanung? Fängt sie nicht eigentlich schon im aktuellen Urlaub an?

Wir liegen am Pool, betrachten das Umfeld, denken über das Zimmer, das Essen und den Service nach. Stellen das Ganze in Relation zu den Kosten, die wir aufbringen mussten und überlegen dann, ob wir nächstes Jahr eventuell wieder dort hinfahren sollen.

Der Mensch ist ja ein Gewohnheitstier. Warum nicht wieder dorthin fahren, wo es uns gefallen hat? Oder sind Sie jemand, der gern jedes Jahr etwas Neues ausprobiert?

Wer trifft denn bei Ihnen die Entscheidung wo die Reise hingeht? Also ich meine jetzt nicht, ob Sie oder Ihr Partner die Entscheidung treffen. Dazu kommen wir später noch. Ich denke da eher an das Thema Kopf oder Bauch. Was entscheidet bei Ihnen? Der Kopf, also der Verstand? Oder ist es doch eher eine Bauchentscheidung, also ein Gefühl, was sie bewegt und beeinflusst?

Ganz unterschiedlich? Hängt von verschiedenen Faktoren ab? Mag sein.

Ist Ihnen bekannt, wie viele Entscheidungen wir Menschen aus dem Bauch heraus treffen?

Es sind ca. 80% aller Entscheidungen die wir aus dem Bauch heraus treffen. Nur ca. 20% werden von unserem Verstand getroffen.

Wenn ich Sie jetzt fragen würde, was für Ihren letzten Urlaub entscheidend war, Ihr fester Wille oder Ihre Fantasie, das heißt, Ihre Vorstellungskraft? Was würden Sie sagen?

Was war ausschlaggebend, wo die Reise hinging? Ihre Fester Wille, den ja jeder von uns hat? Oder Ihre Vorstellungskraft, Ihre Fantasie, die ja auch jeder von uns besitzt?

Sie sind der Meinung, es war Ihr fester Wille? Kann sein. Lassen Sie uns mal darüber nachdenken. Was ist denn alles wichtig, wenn es um den nächsten Urlaub geht?

Zum einen die grundlegende Frage: Wann machen wir Urlaub? Das hängt schon mal von verschiedenen Faktoren ab. Will ich in die Sonne? Will ich in den Schnee? Will ich in Deutschland bleiben? Will ich nach Europa oder nach Übersee?
Davon hängt natürlich auch die Reisezeit ab.

Aber nur allein davon? Nein. Natürlich nicht. Haben Sie Kinder? Sind sie Single? Sind Sie zu zweit und eventuell flexibel, was die Zeiten angeht?

Viele viele Fragen, die wir uns vorab stellen müssen. Wenn Sie Single sind, dann dürfte es die leichtere Variante der Entscheidungsfindung sein, oder?

Obwohl, so einfach ist das auch nicht. Will ich einen Erholungsurlaub machen? Will ich einen Partyurlaub machen? Möchte ich eine spezielle Singlereise machen, um gleichgesinnte zu treffen?
Wann ist die beste Zeit? Welches Budget habe ich?

Okay, die letzten beiden Fragen betreffen uns alle. Egal in welchem Beziehungsstatus wir uns befinden. Aber kennen Sie das nicht auch aus Ihrer Jugend? Man gehört zu einer Clique von jungen Leuten, man will dem Alltag, also der Schule, der Lehre oder den Eltern entfliehen. Dann gibt es doch kein langes Überlegen. Ferienzeit ist gleich Urlaubszeit, also ab nach Malle und Party machen.

War das bei Ihnen auch so?

Machen Sie heute noch so? Warum nicht. Jeder so wie er mag. Aber ist das eine Entscheidung des festen Willens oder eher Ihrer Fantasie?

Sagen Sie sich, da will ich unbedingt hin oder sind Ihre Vorstellungen von der Sonne, der Wärme, den Getränken, den Diskos, der Party, usw. ausschlaggebend für Ihre Wahl?

Wer trifft die letzte Entscheidung? Ihr Kopf oder Ihr Bauch?

Lassen Sie uns das einmal anhand eines ganz anderen Beispiels versuchen zu klären:

Was war für Ihren privaten oder beruflichen Erfolg bis hierher wichtiger? Der feste Wille oder die Fantasie, also die Vorstellungskraft?

Was würden Sie sagen?

Nicht so einfach? Gehört doch beides irgendwie zusammen? Da haben Sie Recht. Die Frage ist nur: Was war wichtiger? Wichtiger kann immer nur eins sein.

Nehmen wir zur Entscheidungsfindung mal folgende Situation: Wir legen ein 7 Meter langes, 1 Meter breites und 10 Zentimeter dickes Brett auf zwei Wasserkästen. Diese beiden Kästen stehen in einer Entfernung von genau diesen sieben Metern. Jetzt bitte ich Sie, über dieses 7 Meter lange, 1 Meter breite und 10 Zentimeter dicke Brett zu gehen.

Würden Sie sagen, dass Ihr fester Wille ausreicht um von A nach B über dieses Brett zu gehen?

Somit hätte jeder Recht, der gesagt hat, der feste Wille war entscheidend.

Die Frage ist nur:

Wie sieht es denn aus, wenn wir dieses Brett auf zwei Wolkenkratzer legen – diesseits und jenseits der Straße eine 200 Meter tiefe Schlucht!

Reicht Ihr fester Wille jetzt auch noch aus, um über dieses 7 Meter lange, 1 Meter breite und nur 10 Zentimeter dicke Brett zu gehen?

Entscheiden Sie selbst. Stellen Sie sich diese beiden verschiedenen Bilder einmal vor. Zwei Wasserkästen und zwei Wolkenkratzer.

Ich kann Ihnen sagen, wie es mir dabei geht. Wenn Sie es wissen wollen? Ich würde auf keinen Fall über dieses Brett gehen, denn die Vorstellung dessen, was passieren könnte, nämlich diese 200 Meter abzustürzen, ist für mich viel größer, als mein fester Wille jemals sein kann.

Was können wir aus dieser Erfahrung mitnehmen?

Vorstellungen bestimmen unser Verhalten!

Es sind unsere eigenen Vorstellungen, die unser Verhalten Tag für Tag bestimmen.

Nehmen wir doch einfach nur dieses Buch. Wenn Sie vor diesem Buch mit einem anderen Buch schlechte Erfahrungen gemacht haben, werden Sie dieses Buch auch mit eher gemischten Gefühlen erworben haben.

Wenn Sie ein tolles und empfehlenswertes Buch gelesen haben, dann werden Sie auch mit positiven Erwartungen an dieses Buch herangegangen sein.

Klingt für Sie noch zu theoretisch?

Dann lassen Sie uns ein weiteres Beispiel dazu erarbeiten:

Wenn Sie in ein Reisebüro gehen und treffen dort auf einen Mitarbeiter, der Ihnen auf den ersten Blick unsympathisch ist, wonach sucht Ihr Unterbewusstsein jetzt? Nach Punkten, die das widerlegen oder nach Punkten, die das bestätigen?

Ganz klar nach Punkten, die das bestätigen. Der erste Eindruck war aus irgendeinem Grund negativ. Jetzt sucht das Unterbewusstsein automatisch nach weiteren negativen Punkten.

Das kann das hässliche Hemd, die seltsame Frisur oder der chaotische Schreibtisch sein.

Wir reden vom Unterbewusstsein. Das Bewusstsein handelt vielleicht ganz anders. Aber nur dann, wenn wir es auch einschalten. Wenn wir unseren Gefühlen freien Lauf lassen, ist es immer das Unterbewusstsein, welches uns lenkt und leitet.

Deshalb der Punkt „**Vorstellungen bestimmen unser Verhalten**" ganz wichtig für uns.

Wir werden da später noch mal drauf zurückkommen.

Also, wie war das jetzt mit der Frage: Kopf oder Bauch?

Okay, der Verstand überprüft z.B. die Kosten. Das ist richtig. Aber ist nicht innerlich schon eine Entscheidung gefallen? Na klar. Nicht weiter lange darüber nachdenken. Reise buchen und sich freuen.

Apropos freuen. Wir hatten ja gerade über die ganzen Hindernisse gesprochen, die uns im Weg stehen können. Da fällt das mit dem sich freuen nicht so leicht. Was können wir denn eigentlich machen, damit wir nicht immer von den ganzen negativen Gedanken, die wir im Kopf haben, geleitet werden?

Welches ist die wichtigste Frage, die Sie sich stellen, bevor Sie an die Urlaubsplanung herangehen?

Also unabhängig von den Fragen, die wir oben schon erwähnt haben. Welche Frage stellen Sie sich, bevor Sie das Thema Urlaubsplanung angehen?

Wo ist das Wetter am schönsten?

Wo schmeckt das Essen am besten?

Wo sind die Menschen am nettesten?

Alles sehr wichtige Fragen. Aber eine entscheidende Frage fehlt mir noch.

WARUM FREUE ICH MICH?

Sie brauchen gar nicht so verdutzt zu schauen. Das ist doch die wichtigste Frage überhaupt. Oder wie sehen Sie das?

Wie sieht denn unser Alltag aus? Wir werden morgens von unserem Radiowecker geweckt. Was hören wir in den Nachrichten? Schlechte Nachrichten, Mord und Todschlag. Wir schauen in der Zeitung oder Internet die aktuellsten Meldungen an. Was sehen wir? Mord und Todschlag. Wir gehen in das Bad, gucken in den Spiegel. Was sehen wir? Mord und Todschlag. Ganz nach dem Motto: Ich kenne dich nicht, aber ich wasche dich trotzdem.

Und jetzt erwartet man von uns, dass wir hochmotiviert aus dem Haus gehen. Und zwar so motiviert, dass wir unsere Freunde, Kollegen oder Kunden motivieren, mit uns Spaß und Freude zu haben.

Da das aber gar nicht so einfach ist, kommt wieder die Frage **„Warum freue ich mich?"** ins Spiel.

Haben Sie Lust, mal eine spontane Übung mitzumachen? Bestimmt haben Sie das.

Nehmen Sie bitte ein Blatt Papier zu Hand und schreiben als Überschrift auf:

Warum freue ich mich?

Darunter schreiben Sie jetzt bitte mal drei Gründe, warum Sie sich freuen. Und zwar heute, jetzt an diesem Tage. Nur drei Gründe. Mehr brauchen wir erst mal gar nicht.

Was das Ganze mit dem Thema Urlaub zu tun hat? Dazu kommen wir gleich.

Jetzt bitte mal kurz das Buch beiseitelegen und drei Gründe aufschreiben, warum Sie sich freuen. Auf geht's.

Schreiben Sie schon? Sie sollen doch nicht weiterlesen. Drei Gründe aufschreiben. Kommen Sie, Sie schaffen das.

Die Frage heißt übrigens nicht: Worauf freue ich mich? Also, wenn Sie jetzt z.B. dorthin schreiben: Ich freue mich auf den Urlaub in drei Monaten. Dann ist das nicht die Antwort auf die Frage: Warum freue ich mich? Die bezieht sich nur auf heutigen Tag. Nicht auf etwas, was in der Zukunft liegt.

Und? Haben Sie es geschafft? Haben Sie auf Anhieb drei Gründe gefunden, warum Sie sich freuen?

Dann herzlichen Glückwunsch. Dann gehören Sie zu den wenigen, denen das leicht von der Hand geht. Viele Menschen haben leider große Probleme damit, sich zu freuen. Mit einer positiven Einstellung durch das Leben zu gehen.

Natürlich gibt es immer wieder im Leben eines Menschen Situationen, die einem keine Freude bereiten, die traurig oder frustrierend sind.

Was sind Sie generell für ein Typ Mensch?

Wachen Sie morgens auf und es gehen Ihnen sofort die ganzen negativen Dinge durch den Kopf?

Oder sind Sie jemand, der sagt, die Welt kann sich auf mich freuen, also freue ich mich auf den Tag?

Verstehen Sie mich bitte nicht falsch. Es geht bei diesem Thema nicht darum, im Sinne von „Tschaka-Tschaka", auf den Tisch zu steigen und zu sagen, alles ist toll, alles ist wundervoll.

Der erste, wichtige Schritt ist der, sich einmal selbst zu hinterfragen, was für ein Typ Mensch Sie sind? Sind Sie der Optimist oder der Pessimist?

Na klar, jetzt sagen Sie wahrscheinlich gerade: Ich bin Realist. Das können Sie gerne sein. Spricht denn aus Ihrer Sicht irgendetwas dagegen ein optimistischer Realist zu sein?

Worum geht es dabei? Gelingt es Ihnen ohne große Schwierigkeiten, drei Gründe aufzuschreiben, warum Sie sich freuen, dann ist das prima. Schaffen Sie es nicht, diese Gründe zu notieren, das heißt, würden Sie lieber als Überschrift schreiben: Was stört mich?

Oder: Was ärgert mich? Und Sie könnten dann das ganze Blatt vollschreiben. Dann läuft doch irgendetwas falsch.

Ich will Ihnen nicht zu nahetreten oder Sie damit bedrängen. Die wichtige Frage, resultierend aus dieser ganzen Thematik, ist doch folgende:

Wie will ich andere motivieren, wenn ich selbst nicht motiviert bin, d.h. keinen Grund gefunden habe, mich zu freuen?

Wie soll das funktionieren?
Um den Bezug zu unserer Urlaubsplanung wiederherzustellen. Wie wollen Sie Ihre Familie motivieren, mit Ihnen ein gemeinsames Ziel auszusuchen?
Wie wollen Sie die Entscheidungsfindung positiv beeinflussen, wenn Sie selbst nicht motiviert sind? Wenn Sie keinen Spaß an der Sache haben? Wie soll das funktionieren?

Machen Sie doch bitte mal einen ganz einfachen Test, um herauszufinden, wie Sie so ticken. Ab morgen früh, wenn Sie morgens wach werden, schlagen Sie als allererstes die Augen auf und stellen Sie sich sofort die Frage: Warum freue ich mich? Sie geben sich drei Antworten, die Sie motivieren, die Sie beflügeln. Stehen erst dann auf und gehen in den Tag.

Sollten Sie keine Antworten gefunden haben, drehen Sie sich am besten um und schlafen weiter. Denn was soll an diesem Tag dann schon positives passieren?

Und wenn Sie aufgestanden sind und im Laufe des Tages wieder alles über Ihnen hereinbricht, dann stellen Sie sich bitte sofort die Frage: **„Warum freue ich mich trotzdem?"**

Sie merken, worauf ich hinaus möchte. Es gibt immer etwas, warum wir uns freuen können. Und wenn es nur kleine oder vermeintlich alltägliche Dinge sind, wie z.B. schönes Wetter oder mal keinen Stau zu haben, dann ist das schon ein Erfolg.

Wie sind wir eigentlich auf das Thema gekommen? Wir hatten uns die Frage gestellt: Was ist die wichtigste Frage, die wir uns stellen, bevor wir an unsere Urlaubsplanung herangehen?

Wir haben eine Antwort gefunden. Wenn Ihnen dieses „Werkzeug" gefällt und Sie darin einen Nutzen für sich erkennen, dann verwenden Sie es doch einfach in allen sich bietenden Situationen.

Wie sieht es also jetzt konkret für uns aus? Wir freuen uns! Wir freuen uns auf unsere Urlaubsplanung, weil wir das bestmögliche Ziel finden wollen, um dann einen schönen und erholsamen Urlaub zu verbringen.

Wie gehen Sie denn im Detail an Ihre Urlaubsplanung heran? Ganz klassisch mit einem Katalog oder im Reisebüro?
Oder durchforsten Sie das Internet mit den ganzen Reisevergleichsportalen?
Geht eigentlich überhaupt noch jemand ins Reisebüro?

Bestimmt. Viele ältere Leute mit Sicherheit. Oder einfach die Menschen, die sich gerne von anderen Menschen beraten lassen wollen. Und zwar Auge in Auge. Nicht über irgendeine Hotline oder über Emails. Jeder so, wie er mag. Alles sicher auch eine Frage der Zeit.

Womit wir schon wieder beim Thema wären. Zeit. Also nicht die gewünschte Reisezeit oder Jahreszeit. Sondern die Zeit, die wir verwenden, um unseren Urlaub zu planen.

Mit dem Medium Internet geht doch alles viel schneller, oder? Man kann von jedem Ort darauf zugreifen. Wenn es sein muss gucken wir uns über unser Smartphone die Angebote an. Wir sind doch viel schneller auf den unterschiedlichsten Seiten der Reiseveranstalter, als wenn wir jetzt anfangen würden, Kataloge zu wälzen oder ins Reisebüro zu gehen.

Aber ist das wirklich so? Sind wir wirklich schneller am Ziel? Geht es Ihnen auch so wie mir?

Sind Sie manchmal auch überfordert mit den vielen Möglichkeiten, die es im Internet gibt?

Welches Reiseportal ist denn jetzt das Beste?

Welches vermittelt mir die besten Konditionen?

Welches ist seriös und vertrauenswürdig?

Bei welchem Portal sind die Bewertungen echt?

Wollen wir nicht doch lieber ins Reisebüro gehen?

Oder kämpfen wir uns durch den Internetdschungel?

Macht doch auf der anderen Seite auch ein bisschen Spaß, oder?

Zurück zur Frage, ob es schneller geht, wenn wir uns selber im Internet informieren und buchen. Ich weiß es nicht. Das hängt wahrscheinlich von verschiedenen Faktoren ab. Wenn wir schon wissen, wo wir hinwollen und eigene Erfahrungen mit Urlaubszielen und Reiseportalen hatten, dann fällt es uns sicher leichter, dort schnell zurecht zu kommen.

Wenn das alles nicht der Fall ist, dann können mit Sicherheit schon mal einige Stunden oder Tage dafür draufgehen. Es könnte also durchaus sein, dass es in solchen Fällen doch ratsam wäre, mal wieder in das nächste Reisebüro zu gehen. Die Mitarbeiter dort werden es Ihnen danken. Hoffentlich.

Die Erfahrungen, die ich in der letzten Zeit mit Mitarbeitern des Reisebüros hatte, waren alle positiv.

Finden Sie es nicht auch erschreckend, wie der Kontakt mit anderen Menschen immer weiter auf der Strecke bleibt?

Zugegeben, das Internet ist schon eine prima Sache. Wir können uns so viele Informationen zu den verschiedensten Dingen holen, wie wir wollen. Auch sonst macht es uns das Leben in einigen Fällen leichter. Auf der anderen Seite verleitet es uns aber auch dazu, sich von der Außenwelt abzuschotten.

Dazu später mehr. Jetzt haben wir es endlich geschafft. Wir haben etwas gefunden, was uns gefällt, was preislich in unseren Rahmen passt und was hoffentlich auch dem Partner oder der Familie gefällt.

Oder sind Sie jemand, der sagt wo es langgeht? Ganz nach dem Motto, ich bin hier der Boss. Wir machen das, was ich ausgesucht habe. Ich hoffe doch nicht. Es soll ja für alle Beteiligten ein schöner Urlaub werden.

Also muss das Ergebnis der Suche jetzt präsentiert werden. Freuen Sie sich schon drauf?

Nicht? Warum nicht?

Weil Sie wissen, dass es wieder unendliche Diskussionen geben wird?

Dann stellt sich natürlich für uns die nächste Frage: Wie können wir unsere Wahl am besten verkaufen?

Jetzt ist ja nicht unbedingt jeder von uns ein geborener Verkäufer, bzw. beruflich jemand, der mit dem Verkauf zu tun hat.

Wie gehen also wahrscheinlich die meisten vor?

Sie werden Ihre Familie vor dem Computer versammeln und sagen: *„Seht her, was ich uns ausgesucht habe."*

Was passiert?

„Och ne, nicht schon wieder nach ... Da ist es doch viel zu heiß. Da müssen wir ja viel zu lang fliegen. Da kennen wir uns doch gar nicht aus." Usw. usw.

Kennen Sie das?

Und schon gehen die ganzen Diskussionen los. Würdigt denn keiner Ihre Zeit und Arbeit, die Sie für die Auswahl investiert haben? Bedankt man sich bei Ihnen, dass Sie alles schon mal vorbereitet haben?

Wie können wir dem Ganzen vorbeugen?

Indem wir an das Unterbewusstsein der anderen appellieren und zum Beispiel sagen:

„Liebe Familie, Eure Wünsche für unseren nächsten Urlaub waren: Garantiert schönes Wetter zu haben, ist das richtig?"

„Außerdem wollt Ihr eine schöne Poollandschaft, aber auch direkte Nähe zum Meer, stimmt das auch?"

„Und Ihr habt wert gelegt auf eine große Auswahl an Restaurants und Geschäften zum Shoppen, ist auch das richtig?"

„Das freut mich, denn genau das habe ich für uns herausgesucht. Unser Ziel für den nächsten Urlaub lautet ..."

Was haben wir also konkret gemacht? Wir haben deren Ziele und Wünsche noch einmal in den Raum gestellt, sie bestätigen lassen und somit hat sich die Familie den Urlaub selbst ausgesucht. Wir suggerieren deren Unterbewusstsein, dass es genau das ist, was sie haben wollten.

Hört sich nach Manipulation an?

Nein. Ist es aber nicht. Wenn sie andere Wünsche hätten, würden sie ja nicht mit „JA" auf die Fragen antworten. Es ist also eher eine Motivation, als eine Manipulation.

Falls dann immer noch Diskussionen aufkommen, können Sie auf Ihre Fragen nochmal zurückkommen und sagen:

„Ihr habt doch gerade alle meine Fragen mit „Ja" beantwortet, oder? Dann ist genau das das passende Reiseziel, was jeden Eurer Wünsche zufrieden stellt. Seid ihr dabei?"

Jetzt höre ich schon wieder die ersten sagen: Das ist ja schön und gut, theoretisch klingt das ganz prima, aber sie kennen meine Familie nicht.

Das stimmt. Ich kenne Ihre Familie nicht. Es heißt auch nicht, dass das immer perfekt funktioniert, wenn man diese Vorgehensweise so anwendet. Es kommt immer auf die beteiligten Menschen und die Situation an. Da haben Sie Recht. Es sind vor allen Dingen keine Rezepte, die eine Garantie auf Erfolg versprechen. Es sind Möglichkeiten, die, wenn sie funktionieren, Ihnen das Leben leichter machen. Das heißt weniger Stress, weniger Ärger und Diskussionen.

Wir können aber nur dann herausfinden, ob das funktioniert, wenn wir es ausprobieren.
Also bei der nächstbesten Gelegenheit testen Sie doch einfach mal, wie erfolgreich das Ganze ist.

Nehmen wir mal an, es hat funktioniert. Sie haben sich auf ein Reiseziel geeinigt.

Ist das denn nicht für alle Beteiligten jetzt eine schöne Situation? Die ganzen Fragen, die im Raum waren, sind schon mal geklärt. Der Partner kann sich seelisch schon mal darauf einstellen, was alles mitgenommen werden muss und was eventuell vorher noch gekauft werden muss.

Ihr Nachwuchs kann schon mal das Internet durchforsten, was es dort alles für Ausgehmöglichkeiten oder Freizeitbeschäftigungen gibt.

Und Sie können sich wieder auf die wichtigen Dinge des Lebens konzentrieren. Allen geht es gut.

Bis zu dem Zeitpunkt, ab dem der Urlaub immer näher rückt. Es sind noch vier Wochen bis zum ersehnten Jahresurlaub. Langsam beginnt die Vorfreude. Es wird einem bewusst, dass es nicht mehr lange dauert, bis es soweit ist. Sommer, Sonne, Sand und Meer.

Bis es allerdings so weit ist, ist ein gutes Stichwort. Die letzten Wochen oder Tage vor dem anstehenden Urlaub stehen bevor. Jetzt muss aber langsam alles vorbereitet werden.

Gehören Sie auch zu den Menschen, die sich vorab eine Liste machen, was sie alles mitnehmen wollen und was vorher noch erledigt werden muss?

Na klar, das ist ja auch wichtig.

Wir sollten bloß nichts vergessen. Wäre ja fatal, wenn wir nicht alles eingepackt hätten, was wir benötigen. Oder wenn wir nicht geklärt hätten, wer die Blumen gießt und die Post aus dem Briefkasten nimmt.

Das geht nicht. Genauso akribisch, wie unsere Suche nach dem geeigneten Urlaubsziel war, wird jetzt auch die Vorbereitung auf die Reise sein. Wir Deutschen sind ja schließlich bekannt für unsere Zielstrebigkeit, Gründlichkeit und Zuverlässigkeit.

Okay, wir haben eine Liste gemacht, was wir alles mitnehmen wollen. Wir haben mit den Nachbarn oder der Familie alles andere geklärt. Dann kann es ja eigentlich losgehen. Wobei…

Wird Ihre Frau auch schon immer einige Tage vor dem Reiseantritt nervös?

Ich spreche jetzt bewusst mal zu den Männern, weil es bei meiner Frau meistens der Fall ist. Vielleicht liegt es aber auch daran, dass ich öfter im Jahr auf Geschäftsreise bin und an das Reisen gewöhnt bin.

Es soll ja Menschen geben, die packen schon Tage vorher den Koffer, damit sie auch ja nichts vergessen oder um zu sehen, ob der Koffer auch wirklich zugeht, bzw. was er wiegt.

Das Thema Gewicht ist auch immer wieder so ein Fall für sich.

Also nicht Ihr eigenes Gewicht. Wobei das vor dem Urlaub ja auch immer gerne etwas genauer unter Augenschein genommen wird. Da rennt man schnell noch mal ins Fitnessstudio oder joggt ein paar Meter mehr als sonst, damit die Strandfigur auch ja eine ist.

Da wollte ich aber eigentlich gar nicht drauf hinaus. Beim Thema Gewicht dachte ich eher an die Fluggesellschaften.

Je nachdem mit welcher Airline wir fliegen, kommt es ja auf jedes Gramm an. Den Flug besonders günstig ergattert, aber das große Dilemma kommt am Flughafen. Wir erfahren auf einmal, dass unsere Personenwaage zuhause wohl doch etwas ungenau war. Wir liegen pro Koffer 3-4 Kilo über dem zulässigen Gewicht. Das heißt, wir müssen nachzahlen.

Erster Impuls negativ.

Wir sitzen im Flieger und haben Durst. Getränke sind aber nicht im Preis enthalten.

Zweiter Impuls negativ.

Nach einer guten Stunde Flug bekommen wir Hunger. Essen gibt es nur gegen Bares.

Dritter Impuls negativ.

Unser Vordermann hat den ganzen Flug seine Rückenlehne schräg gestellt.

Vierter Impuls negativ.

Wir kommen am Flughafen an, unsere Koffer kommen so ziemlich als letzte raus.

Fünfter Impuls negativ.

Soll ich noch weitermachen? Sollte so die schönste Zeit des Jahres anfangen? Wie sollen wir in den Urlaubs- und Erholungsmodus schalten, wenn wir so viele negative Impulse bekommen?

Wie bitte? Wir sind viel zu schnell? Bevor wir zum Flughafen fahren, passieren noch ganz andere Dinge?

Sie haben mal wieder Recht. Verzeihen Sie mir. Da sind die Pferde mit mir durchgegangen.

Natürlich wollen wir alles in der richtigen Reihenfolge und auch eins zu eins wiedergeben. Wo waren wir also vor dem Flughafen stehen geblieben?

Ach ja. Die Vorbereitung. Koffer packen. Alles andere regeln. Haben wir gemacht. Gut, das mit der Figur verschieben wir aufs nächste Jahr. Im Urlaub kennt uns doch eh keiner. Stress hatten wir ja schon genug. Da müssen wir uns jetzt nicht auch noch zusätzlich quälen.

Zieht Ihre Frau eigentlich zuhause auch alle Stecker, wenn Sie auf eine längere Reise gehen?

Was meine ich damit? Zieht sie die Stecker der Lampen, des Fernsehers, der Musikanlage und des Telefons? Schaltet sie vielleicht auch noch alle Sicherungen aus?

Meine Frau macht das. Es könnte ja ein Blitz während unserer Abwesenheit einschlagen. Genau dann, wenn wir mal zwei Wochen nicht zuhause sind, dann wird wahrscheinlich der Blitz einschlagen. Also lieber mal alle Stecker ziehen. Früher mussten wir sogar noch den Kühlschrank leerräumen und ihn vorher abtauen. Gott sei Dank muss man das heutzutage nicht mehr machen.

Es tut mir leid liebe Frauen, aber ich muss weiter von meiner Frau sprechen. Ich hoffe, Sie fühlen sich nicht angesprochen. Aber wenn es doch so ist, es ist nicht schlimm. Sie sind nicht alleine. Besser solche Ticks als andere.

Liebe Männer, geht Ihre Frau kurz vor dem Verlassen der Wohnung oder des Hauses auch nochmal alle Zimmer ab? Sind auch überall die Stecker gezogen? Alles aus? Alle Lichtschalter nochmal testen, ob auch wirklich alle Sicherungen aus sind?

Es kann natürlich auch sein, dass das Ganze umgekehrt stattfindet. Also, dass die Frau die Entspannte ist und der Mann alles nochmal auf den Kopf stellt bevor das Haus verlassen wird.

Jetzt höre ich die Männer schon wieder sagen: Schleimer.

Das können Sie ruhig sagen. Ist aber doch eine Tatsache, dass jeder so seine Macken hat, egal ob Mann oder Frau. Wäre ja irgendwie auch langweilig, wenn es nicht so wäre, oder?

Wenn Sie meine Frau fragen würden, was ich so für Marotten habe, da könnte Sie Ihnen wahrscheinlich auch so einiges erzählen.
Da wollen wir jetzt aber gar nicht näher drauf eingehen.

Wir sitzen nämlich jetzt endlich im Taxi auf der Fahrt zum Flughafen. Stopp!

Haben wir da nicht etwas Gravierendes vergessen? Das Kofferpacken!

Wer packt denn bei Ihnen die Koffer? Machen Sie gemeinsam? Oh, das gäbe bei uns Mord und Totschlag. Laut einiger Studien, ist die Phase des Kofferpackens wohl einer der größten Faktoren, bei den es Streit zwischen den Paaren gibt.

Um das zu vermeiden, legt meine Frau ihre Sachen raus und ich packe dann die Koffer. Wie gesagt, dank meiner häufigen Reisetätigkeiten habe ich darin eine gewisse Übung.

So weit so gut. Was passiert allerdings nachher im Taxi?

„Schatz, hast Du die Sonnenbrillen eingepackt?"

„Ja, habe ich."

„Bist Du Dir sicher?"

„Ja, bin ich."

Na einer kurzen Weile.

„Hast Du an die Reisemedikamente gedacht?"

„Ja, auch die habe ich eingepackt."

„Bist Du sicher? Ich habe die dort gar nicht liegen sehen!?"

„Sie sind im Koffer. Und wenn es nicht der Fall wäre, könnten wir uns immer noch welche kaufen."

Kommen Ihnen solche Dialoge bekannt vor? Na prima. Dann geht es ja nicht nur mir so.

Also, wo waren wir? Ach ja, im Taxi.
Das Taxi wurde natürlich schon am Vortag bestellt und war auch pünktlich da. Endlich mal eine gute Nachricht. War ja bis hierhin auch schon stressig genug.

Jetzt soll schließlich der Urlaub so langsam beginnen.

Gestern noch im Büro, heute schon auf dem Weg in die Sonne. Was will man mehr.

Wie viele Kinder haben Sie eigentlich?

Eins? Zwei? Oder sogar drei oder mehr?

Wir bleiben im Moment einfach mal bei dem Beispiel mit einem Kind. Also Kind und Kegel ab ins Taxi. Früh genug losgefahren sind wir auch. Es kann also eigentlich nichts mehr passieren. Es sei denn, Sie haben einen Taxifahrer erwischt, der eine Spezialroute zum Flughafen fährt.

Haben Sie so etwas auch schon erlebt? Es gibt ja immer die verschiedensten Strecken, die man zum Flughafen fahren kann. Hängt auch von der Tageszeit, den Baustellen oder sonstiges Umständen ab.

Wir hatten letztens leider wieder den Fall, dass einer erst mal eine schöne Schleife gefahren ist, obwohl ein anderer, direkter Weg möglich und wesentlich günstiger gewesen wäre. Da kommt doch direkt wieder Freude auf.
Sprechen Sie das dann an oder denken Sie sich Ihren Teil und verzichten auf das Trinkgeld?

Was auch immer Sie machen, ist ja Ihre Entscheidung.

Worauf will ich hinaus?

Es gibt genügend Situationen, über die wir uns schon wieder aufregen könnten, aber wir wollen ja in den Urlaub. Wir wollen uns erholen, abschalten. Stress haben wir doch sonst genug. Also raus aus dem Taxi, rein in den Flughafen und ab zum Schalter.

Übrigens liebe Taxifahrer. Diese schwarzen Schafe gibt es in allen anderen Branchen auch. Die meisten von Ihnen sind seriöse und zuverlässige Fahrer. Ich weiß wovon ich spreche. Ich bin schließlich das ganze Jahr über oft mit Ihnen unterwegs.

Auf dem Weg zum Abfertigungsschalter erspähen wir schon eine riesige Menschenschlange und hoffen nur, dass das nicht unser Schalter ist.

Hoffen ist ja nicht verboten. Leider ist die Hoffnung schnell vorbei, denn es ist unser Schalter. Obwohl wir so früh losgefahren sind, es sind noch über zwei Stunden bis zum Abflug, haben uns andere Reisende etwas voraus. Sie stehen vor uns in der Schlange.

Jetzt könnten wir uns ja wieder prima darüber aufregen, oder? Wir könnten uns aber auch die Frage stellen: Warum freue ich mich trotzdem?

Oder wir machen etwas Anderes. Ich habe mal einen etwas älteren, sehr erfahrenen Menschen kennengelernt, der hat folgenden sehr interessanten Satz gesagt:

„Ich bin in meinem Leben mittlerweile soweit, über wen oder was ich mich ärgere entscheide ich immer noch selbst!"

Er hat als Erklärung dazu gesagt:
„Was bringt es mir, mich über bestimmte Dinge zu ärgern? Ich bekomme zu hohen Blutdruck, werde sauer oder sogar aggressiv, aber an der Situation kann ich trotzdem nichts ändern. Also warum soll ich mich darüber aufregen?"

Und wenn man nach diesem Motto lebt, geht es einem gleich sehr viel besser. Kann ich Ihnen aus eigener Erfahrung versprechen.
Wenn wir mit diesem Motto im Bauch durch die Welt laufen, ist die Gefahr viel geringer, schlecht gelaunt oder frustriert zu sein. Denn wie schon erwähnt:

„Wie will ich andere motivieren, wenn ich selbst nicht motiviert bin, das heißt, wenn ich keinen Grund gefunden habe mich zu freuen?"

Die wichtige Frage resultierend aus diesen Erkenntnissen ist doch die:

Was bringt es uns, wenn wir uns über andere Menschen oder bestimmte Situationen aufregen? Nichts!

Wir bekommen eventuell einen hochroten Kopf, der Blutdruck steigt, aber was hilft es uns?

Das beste Beispiel dazu ist das Thema Autofahren. Könnten wir uns nicht alle jedes Mal über irgendeinen „Vollidioten" aufregen? Das wäre wahrscheinlich ohne große Probleme machbar. Aber auch hier wieder die Frage, was bringt es uns?

Nichts. Der andere lachte sich ins Fäustchen, wenn der sieht, wie wir uns hinter unserem Steuer aufregen. Was macht er? Er fährt so weiter, wie er es vorher auch gemacht hat.

Was passiert bei uns? Wie steigern uns jetzt erst richtig rein und würden am liebsten in das Lenkrad beißen vor lauter Wut.

Zufälligerweise gibt es, von einem aufstrebenden Jungautor, ein passendes Buch zu diesem Thema:

<u>Der Autofahrer!</u>

<u>Verhaltenstraining am lebenden Objekt!</u>

Also falls Ihnen dieses Buch Freude bereitet, dann wird es das oben genannte auf jeden Fall auch machen. Denn dort wird der tägliche Wahnsinn auf Deutschlands Straßen durchleuchtet und ebenfalls mit praxisbezogenen Werkzeugen aus dem Verhaltenstraining versehen.

Nun aber zurück zu unserem eigentlichen Thema.

Wir stehen am Schalter, bzw. in der Schlange und warten. Erfahrungsgemäß geht das ja nicht wirklich schnell, wenn dort so viele Menschen einchecken wollen.

Aber wir haben ja gesagt, wir entscheiden selbst über was wir uns aufregen. Also bleiben wir ganz entspannt, beobachten die anderen Leute und hoffen nur, dass die nicht bei uns im Hotel absteigen.

Nach einer ganzen Weile sind wir endlich dran. Koffer auf die Waage – und da war es schon wieder. Wir freuen uns. Wir dürfen Übergepäck bezahlen.

Okay, jetzt wollen wir das Ganze mal nicht überziehen. Natürlich ist das nicht schön, wenn die Urlaubskasse direkt am Flughafen geschröpft wird. Aber es ist nun mal so. Wir können nichts dagegen machen. Oder wollen Sie Ihren Koffer am Flughafen umpacken und bestimmte Sachen entsorgen?

Also akzeptieren wir den Betrag und halten uns nicht weiter damit auf. Ab durch die Sicherheitskontrolle, einmal abtasten lassen und weiter geht's.

Wobei auch hier, in dieser Durchleuchtungsphase, gäbe es ja auch wieder zig Gründe, warum wir uns aufregen könnten. Und ich meine jetzt nicht die so genannten „Nacktscanner

Da vorne ist mal wieder jemand, der die Kosmetik im Handgepäck transportiert, aber nicht in entsprechenden Größen und auch nicht in diesen durchsichtigen Zipp Beuteln. Also was heißt das für uns?

Wir müssen warten. Das dauert. Aber hey, wir regen uns nicht auf. Irgendwann geht es auf jeden Fall weiter. Wir sind ja schließlich früh genug am Flughafen. Nicht so, wie diese anderen Menschen, die immer auf den letzten Drücker kommen. Wegen denen wieder der ganze Flieger warten muss.

Das würden wir nicht machen. Wir warten lieber in der Schlange. Wir haben Zeit.

Endlich geht es weiter. Vor uns das nächste Hindernis. Es piepst bei einer Dame, die durch den Metalldetektor geht. Sie muss nochmal zurück. Uhr vergessen abzumachen. Und wieder durch. Es piepst erneut. Wieder zurück. Gürtelschnalle aus Metall. Ausziehen und auf geht's. Jetzt klappt es aber. Nein. Es piepst wieder. Ab zur netten Dame mit dem Scanner in der Hand.

Wir können endlich durch. Es piepst nichts. Wir haben Glück. Sachen geschnappt und ab zum Gate. Blick auf die Uhr. Wieviel Zeit haben wir noch?

Ach, das reicht locker für etwas zu essen und zu trinken an der Bar oder für einen Gang durch die Shops.

Haben Sie schon einmal in einem Flughafenbistro etwas gegessen?
Die haben ja Preise, die sind von einem anderen Stern. Da zahlt man gut und gern, für ein einfaches Baguette und eine Cola, 12 Euro. Na das geht doch. Aber wir haben ja Urlaub. Da wird nicht auf jeden Euro geguckt. Und genau das wissen die Betreiber dieser Bistros und Bars. Da kann man schon mal die Preise deutlich erhöhen.

Sie haben ja Recht. Es zwingt uns ja keiner dorthin zu gehen. Wir können ja auch im Flieger etwas zu uns nehmen.

Wobei genau dieses Thema hatte ich vorhin etwas voreilig schon angesprochen. Im Flugpreis enthalten ist ja nichts weiter. Also außer dem Flug. Alles andere, das heißt, jegliche Sonderwünsche kosten Geld. Und auch hier nicht gerade wenig.

Aber wir haben ja gesagt, dass wir uns nicht aufregen wollen, denn wir entscheiden selbst über wen oder was wir uns ärgern.

Apropos ärgern. Die Preise im Flugzeug sind gar nicht so schlimm. Wissen Sie, was viel schlimmer ist?

Nein, nicht die Stewardessen. Die sind doch meistens nett und freundlich, obwohl sie auch einen sicherlich harten Job haben.

Nein, ich denke an die anderen Fluggäste. Die Menschen vor, hinter oder neben uns. Den „Sitzlehnen-nach-hinten-steller" haben wir ja auch schon erwähnt. Das Phänomen bei diesen Menschen ist, dass die kaum im Flieger sitzen, aber sofort die Lehne ganz nach hinten stellen. Verrückt, oder?

Wenn wir starten, muss die Lehne doch eh wieder in eine aufrechte Position gebracht werden. Das ist aber egal, Hauptsache er sitzt bequem. Was hinter ihm ist, interessiert ihn doch nicht. Da wird nicht geguckt, ob dort zufällig ein Zweimeter großer Kerl sitzt, der sowieso schon wenig Platz hat. Nein, das ist egal.

Rammen Sie diesen Menschen dann auch ganz gern Ihre Knie in den Rücken? Also durch die Lehne natürlich.

Das würden Sie nie machen?
Sie lassen das über sich ergehen und leiden lieber? Oder sprechen Sie Ihren Vordermann freundlich darauf an?

Oder sind Sie etwa der Vordermann?

Das will ich doch nicht hoffen. Falls doch, dann denken Sie doch bitte mal an Ihre Mitmenschen. Seien Sie nicht so ein Egoist.

Wieso Sie das tun sollten? An Sie denkt doch auch keiner?

Das tut mir leid. Wenn allerdings keiner damit anfängt, an andere zu denken, wird auch so schnell nichts passieren. Also Sie könnten anfangen, damit andere es nachmachen.

Wäre das nicht toll, wenn Menschen mehr Rücksicht auf einander nehmen würden?

Wie sieht die Realität aus? Ganz anders leider.

Für wen interessiert sich der Mensch eigentlich in erster Linie?

Für sich selbst.

Und in zweiter Linie?

Für sich selbst.

Und in dritte Linie?

Für sich selbst.

Und in 35. Linie wahrscheinlich immer noch für sich selbst. So sind wir Menschen leider eingestellt. Also die meisten zumindest.

Das Erschreckende ist, dass man manchmal mit ein paar freundlichen Worten und einem Lächeln viel mehr erreichen kann, als mit der Holzhammermethode. Das Schwierige dabei ist nur, wir müssen es in dem Moment bewusst machen.

Wenn wir uns von unseren Gefühlen und Emotionen leiten lassen, dann kann das sehr schnell in Aggressivität umschlagen.

Wie können wir denn diesen Teil in uns nennen, der da manchmal so laut wird oder herumpoltert und seinen Gefühlen freien Lauf lässt?

Was würden Sie sagen?

Wir haben dem Ganzen einen Namen gegeben: Das ist unser **Neandertaler**.

Warum gerade Neandertaler?

Unsere Erde gibt es ja schon Millionen von Jahren. Uns Menschen gibt es vielleicht einige 1000 Jahre. Das heißt, wir haben uns Gott sei Dank schon entwickelt vom Sammler und Jäger, hin zum heute so modernen Menschen. Dieser Neandertaler existiert aber immer noch. Der sitzt nämlich bei jedem von uns auf der Schulter. Den sieht man nicht, aber er sitzt da.

Dieser Neandertaler entscheidet nämlich, ob dort ein Freund oder Feind auf uns zukommt. Ist es ein Freund, dann bleibt der Neandertaler ruhig. Ist es ein Feind, dann zückt er seine Keule und legt sich mit dem anderen an. Dieser Neandertaler entscheidet jetzt, ob es zum Kampf kommt oder nicht.

Und da sind wir wieder bei dem eben schon angesprochenen Thema: Bewusst oder Unbewusst?

Wir hatten ebenfalls schon über die verschiedenen Impulse gesprochen, die an unser Unterbewusstsein gesendet werden.

Wir haben festgestellt, dass unser Unterbewusstsein wie ein Impulszähler reagiert. Es addiert positive und negative Impulse, wobei der erste Impuls, egal ob plus oder minus, immer die gleichen Impulse nach sich zieht.

Ein Beispiel:

Neben Ihnen im Flugzeug sitzt ein etwas kräftiger Mensch, der direkt die Armlehne für sich beansprucht. Sie haben gar keine Chance sich irgendwie gemütlich hinzusetzen. Versuchen Sie auch gar nicht erst den Arm des anderen zur Seite zu schieben, das klappt nicht.

Jetzt haben wir schon wieder zwei negative Impulse, der „nette" Mensch vor mir, der „Platzraubende" neben mir. Und wenn wir jetzt ganz viel Pech haben, sitzt hinter uns noch ein Kind, dass während des ganzen Fluges immer schon an unserer Rückenlehne zerrt oder dagegentritt.

Geschieht uns doch ganz recht. Was regen wir uns auch immer über alles und jeden auf. Wir müssen echt mal entspannter werden.

Vielleicht hilft ja dieses Buch dabei. Das wäre doch schön, wenn es so einfach wäre, oder?

Aber einfach ist doch auch langweilig. Wenn es schwierig ist, kostet es zwar Kraft und Energie, das ist richtig. Aber wenn es uns dadurch gelingt, entspannter durch die Welt zu gehen und besser auf unsere Mitmenschen einzugehen, bzw. zu reagieren, dann ist das doch ein toller Erfolg. Und dann hat es sich auch gelohnt, etwas zu investieren.

Wobei, gehen wir eben noch einmal kurz zurück in den Flieger. Wir sitzen da, wie besprochen. Unsere Familie hat sich ebenfalls mit den Rahmenbedingungen auseinandergesetzt. Ich hatte ganz vergessen zu erwähnen, dass wir einen Gangplatz ergattert haben. Wenigstens ein positiver Impuls.

Allerding kann es auch dort am Gang ganz schön ruppig zugehen. Kennen Sie das auch? Nach und nach kommen die Leute an Bord. Die bewegen sich mehr oder weniger elegant durch den engen Gang, auf der Suche nach ihrem Sitzplatz und nach einer Ablagemöglichkeit für deren Handgepäck. Wobei Handgepäck kann man das oft genug gar nicht mehr nennen.

Haben Sie sich auch öfter gefragt, wie diese Leute damit beim Einchecken durchgekommen sind? Da muss doch jemand sagen, dass das nicht geht.

Sie haben doch auch sicher schon mal diese Handgepäckständer gesehen, in denen man testen kann, ob das eigene Gepäckstück auch wirklich noch unter die Ausmaße eines Handgepäcks fällt.

Haben Sie schon mal jemanden gesehen, der dort sein Gepäckstück hineinstellt, um zu sehen, ob es auch passt?

Na klar, wenn man bei manchen Fluggesellschaften für jedes Kilo mehr, im normalen Koffer, Übergepäck bezahlen muss, dann packt man schon mal ein Drittel seiner Reiseutensilien in das Handgepäck.

Jetzt stehen aber diese Menschen dort in dem Flugzeug und versuchen verzweifelt ihr „Handgepäck" in die viel zu kleinen Ablagefächer über die Köpfe der anderen Passagiere hinein zu quetschen. Was natürlich nicht gelingt, weil dieses angesprochene Handgepäck ein kleines bisschen zu groß ist. Wirklich nicht viel. Nur ein kleines bisschen. Von dem Gewicht mal ganz abgesehen.

Aber warum bauen die auch so kleine Flugzeuge? Die könnten doch wenigstens die Gepäckablagefächer etwas größer machen. Da passt aber auch gar nichts rein. Genau, immer sind die anderen Schuld.

In den Fußraum kann man es auch nicht stellen.

Da müssen ja schließlich noch die Beine und Füße irgendwie Platz finden.

Also muss die arme Stewardess mal wieder dafür sorgen, dass dieses übergroße und viel zu schwere Handgepäck irgendwo untergebracht wird.

Die haben echt keinen leichten Job. Aber dazu gleich mehr. Erst mal geht es noch um uns. Wir sitzen da ja immer noch. Also Gott sei Dank. Denn was man auch sehr oft erlebt:

„Sie sitzen auf meinem Platz!"

„Wie bitte? Das kann nicht sein."

„Doch sehen Sie hier, ich habe Platz 25 C."

„Das ist schön für Sie, aber hier ist 24 C."

„Ach, dann bin ich hier wohl falsch."

Richtig! Wahrscheinlich sind Sie hier generell falsch. Wäre Sie doch besser zuhause geblieben.

Haben wir uns natürlich nur gedacht. So etwas würden wir nie aussprechen. Dafür sind wir zu gut erzogen. Unseren Neandertaler würden wir nie so einfach ausbrechen lassen. Den haben wir im Griff!

Welche Erfahrungen haben Sie auf Flügen schon gemacht? Hatten Sie auch schon häufiger Verspätungen?

Ist doch ganz normal? Ist ja fast genauso wie bei der Bahn!

Na, ich weiß nicht. Gefühlt sind die Flugzeuge schon recht pünktlich. Und wenn sie manchmal verspätet starten, holen sie die Zeit oftmals auch wieder rein. Das geht bei den Zügen ja nicht wirklich.

Okay, gegen einen Defekt kann man so oder so nichts machen. Haben Sie auch schon den Fall gehabt, dass der ganze Flieger ausgetauscht werden musste?

Kann passieren. Lieber warten wir ein paar Stunden und fliegen mit einem hoffentlich einwandfreien Flugzeug, welches uns sicher ans Ziel bringt.

Wobei wir vor einigen Jahren die Situation hatten, dass wir aus Spanien zurück nach Deutschland fliegen wollten. Wir saßen im Flieger und es kam die Durchsage, dass es, aufgrund eines Defektes, zu einer Verspätung von ca. 30 Minuten kommen wird. Gut, aus den 30 Minuten wurden dann 1,5 Stunden. Auf einmal kam dann die Durchsage des Piloten, die folgendermaßen lautete:

„Sehr geehrte Fluggäste, wir haben das Problem eingegrenzt, wir fliegen jetzt los."

Sie können sich vorstellen, wie wir uns alle gegenseitig angeschaut haben. Wie jetzt? Sie haben das Problem eingegrenzt?

Was soll das denn jetzt heißen? Gibt es jetzt noch ein gravierendes Problem oder ist es nur eine Kleinigkeit?

Haben die überhaupt etwas gefunden oder fliegen die jetzt einfach mal los. Nach dem Motto: Wir fliegen das Problem einfach raus.

Hey Kapitän. Wir sind hier nicht beim Fußball. Hier kann man sich nicht einfach den Schmerz rauslaufen. Wir sind in einem Flugzeug.

Aber was sollten wir machen? Aussteigen ging nicht mehr. Also mussten wir hoffen, dass es wirklich nichts Schlimmeres war. Der Kapitän und seine Crew wollen ja schließlich auch nach Hause. Hoffentlich.

Wir sind dann auch wohlbehalten zuhause angekommen. Aber richtig wohl war uns bei dem ganzen Flug natürlich nicht. Meine Frau, die sowieso nicht gerne fliegt, hatte verständlicherweise danach erst mal gar keine Lust mehr, in naher Zukunft ein Flugzeug zu betreten.

Dieses Erlebnis ist jetzt auch schon wieder einige Jahre her. Mittlerweile ist der europäische Flugverkehr doch schon sehr pünktlich und zuverlässig.

Kann es sein, dass es früher wirklich schlimmer war? Auch speziell mit den Verspätungen?

Ich kann mich an Zeiten erinnern, da hatten wir auf dem Rückflug von Spanien oder Griechenland grundsätzlich mindestens eine Stunde Verspätung. Das konnte man vorher schon einkalkulieren.

Wir wollen aber jetzt auch nicht nur in der Vergangenheit schwelgen. Wir wollen uns mit den aktuellen Geschehnissen beschäftigen.

Wir sind jetzt übrigens angekommen. Der Flieger ist gelandet. Wir haben die ganzen Unannehmlichkeiten einigermaßen ruhig und entspannt überstanden. Jetzt müssen wir nur noch raus aus dieser Sardinenbüchse.

Leichter gesagt, als getan. Denn da sind ja noch die anderen Fluggäste. Bis die erst mal alle ihr Handgepäck und ihre sonstigen Sachen zusammen haben, vergehen noch mal Minuten. Gefühlt sind das allerdings Stunden. Und das, obwohl wieder so ein paar ganz eilige, schon im Gang stehen, obwohl das Flugzeug noch rollt. Aber warum auch auf die Stewardess hören? *„Bleiben Sie noch so lange angeschnallt sitzen, bis das Flugzeug die endgültige Parkposition erreicht hat und die Lichter über Ihnen erloschen sind."*

Nein, lieber sich schon mal seinen Platz im Gang sichern. Egoisten.

Was machen wir? Wir bleiben einfach noch so lange auf unseren Plätzen sitzen.

Auf die paar Minuten mehr oder weniger kommt es jetzt auch nicht mehr an.

Geschafft. Wir dürfen raus. Leider stehen wir nicht am Schlauch. Wir können also nicht direkt in den Flughafen, sondern wir müssen erst noch in den Bus, der draußen bereitsteht.

Genau das, in den Bus, ist allerdings gar nicht so einfach. Da wir ja die meisten Leute erst mal haben aussteigen lassen, kommen wir ziemlich zum Schluss aus dem Flugzeug. Jetzt stehen wir da, vor dem Bus. Wir würden gern einsteigen, können wir aber nicht. Zu viele Leute für zu wenig Raum. Denkt man.

Kennen Sie das auch?

Die Leute bleiben direkt im Eingangsbereich des Busses stehen. Die Türen sind noch geöffnet, der Fahrer steht draußen und guckt sich das in aller Seelen Ruhe an.
Warum macht er nichts? Er könnte ja mal die Leute darauf hinweisen, dass sie weiter durchgehen sollen, damit auch alle Gäste einsteigen können. Aber wir sind doch in Spanien. Da geht alles etwas langsamer. Es ist schließlich heiß draußen. Da muss man sich jetzt nicht überanstrengen. Apropos heiß. Das stimmt. Die Sonne brennt uns auf den Kopf.

Das ist den anderen Menschen in dem Bus aber ganz egal. Wieso gehen diese Leute nicht soweit in diesen Bus, bis sich alle Lücken einigermaßen gut schließen und auch die verbliebenen Fluggäste noch problemlos einsteigen können?

Es geht nämlich. Man muss es nur wollen. Oder man muss einfach mal ein bisschen mitdenken. Aber nein, lieber schön im Eingangsbereich des Busses stehen bleiben und somit den Durchgang für alle anderen versperren.

Haben diese Menschen Angst, dass sie gleich nicht schnell genug rauskommen? Wollen die unbedingt als erste am Gepäckband sein? Wozu? Dort treffen wir uns doch eh alle wieder.

Ach so, die wollen wahrscheinlich die beste Position an dem Band haben, damit sie auch ja nicht ihren Koffer übersehen oder geschweige denn ein anderer deren Koffer versehentlich nimmt. Ich verstehe. Na dann bleiben Sie doch ruhig direkt neben der Tür des Busses stehen. Wir warten dann solange. Kein Problem. Hauptsache Sie sind im Bus und kommen nachher als erste wieder raus.

Wie regen uns nicht auf. Wir sind ganz entspannt.

Aber jetzt mal Spaß beiseite. Regen Sie sich über solche Menschen nicht auch jedes Mal auf?

Diese Egoisten. Die denken wieder nur an sich.

Sie haben ja Recht. Da kann man sich auch drüber aufregen. Allerdings auch hier wieder die Frage: Was bringt es uns? Können wir diese Menschen auf Anhieb verändern?

Nein. Keine Chance. Na klar können wir mit erhobener Stimme die Leute darauf hinweisen, dass hinten im Bus noch Platz ist und sie bitte durchgehen mögen. Aber glauben Sie ja nicht, dass dann die „Türsteher" sich auch nur einen Millimeter bewegen?
Die anderen, die auch schon etwas gequetscht da drinstehen, die gehen vielleicht noch ein bisschen weiter durch. Aber die Spezialisten vorn an der Tür verteidigen ihren hart erkämpften Platz bis aufs Äußerste.

Was machen wir? Wir quetschen uns noch irgendwie in diesen Bus. Lecker warm hier drinnen. Da war es draußen in der prallen Sonne doch angenehmer. Die stehen ja alle schon eine Weile da drinnen. Schön die Hände an den Haltestangen, obwohl der Bus noch gar nicht fährt. Und dann noch diese Gerüche…
Obwohl man manchmal von Gerüchen nicht mehr reden kann. Nennen wir es wie es ist. Gestank.
Drei Stunden im Flieger gewesen, schon vorher zwei Stunden unterwegs, da versagt schon mal das eine oder andere Deo.

Und ich rede jetzt nicht von Ihnen oder mir. Uns passiert so etwas nicht. Wir sind immer gepflegt und duften nach Rosenblüten.
Okay, das nun auch wieder nicht. Aber es gibt ja schon gravierende Unterschiede zwischen uns Menschen.

Übrigens, nicht das wir uns falsch verstehen. Ich bin nicht perfekt und vollkommen. Ganz im Gegenteil. Ich bin auch oft genug ein Egoist. Aber ich habe eine andere Einstellung zu vielen Situationen, so dass es mir auch ab und zu gelingt, nicht nur an mich zu denken, sondern die ganze Situation zu sehen und wie sagt man so schön, mitzudenken.

Genau das ist anscheinend für den einen oder anderen auf diesem Planeten aber gar nicht so einfach. Oder deren IQ ist eben zu gering.

Jetzt werde ich aber ganz schön hart oder?

Da haben Sie Recht. Ist mein Neandertaler gerade mit mir durchgegangen. Passiert mir leider auch noch das eine oder andere Mal. Soll nicht wieder vorkommen.

Wie bitte? Ich soll doch ruhig mal meine Meinung sagen? Ganz unverblümt die Realität beschreiben? Okay. Wie Sie wollen. Dann wird aber noch einiges auf Sie zukommen. Machen Sie sich schon mal drauf gefasst.

Denn die nächste Situation, bei der wir uns prima aufregen könnten, lässt nicht lange auf sich warten.

Versetzen Sie sich bitte wieder in die Position am Gepäckband. Das Band läuft. Noch sind keine Koffer drauf, aber die angesprochenen Spezialisten sind schon in Lauerstellung.
Haben Sie das Bild vor Augen?
Prima. Denn jetzt geht es los. Die ersten Koffer kommen an. Alle drängeln sich ganz nah ans Band. Sehen kann eigentlich keiner mehr so richtig etwas. Da werden auch schon mal die Ellenbogen ausgefahren, um sich Platz zu machen. Es geht ja schließlich um sein Hab und Gut. Wo stehen Sie eigentlich gerade? Ganz vorn? Oder etwas entspannt in zweiter Reihe? Oder sind Sie doch der „Terrier", der sein Revier verteidigt?

Und wenn dann die ersten Koffer vom Band genommen werden, passen Sie bitte auf. Wir stehen direkt neben Ihnen. Warum ich Ihnen das sage?

Weil Ihr Koffer wahrscheinlich auch einige Kilo auf die Waage bringt und sicher nicht so einfach mit einer Hand zu tragen ist. Also wird beim Fischen nach dem Koffer auch mal ein bisschen ausgeholt. Irgendwie muss das Ungetüm ja schließlich vom Band. Keine Rücksicht auf Verluste.

Wenn da jetzt zufällig einer danebensteht, dann kann es schon mal sein, dass er den Koffer gegen die Schienbeine bekommt.

Wohl dem, der in der zweiten Reihe steht und sich das Ganze in Ruhe anschaut.

Wenn wir dann unseren Koffer erblicken, können wir uns immer noch durch die wartende Meute nach vorn kämpfen. Wobei manchmal wäre es ganz gut, man hätte eine Nahkampfausbildung genossen. Das ist teilweise echt grenzwertig.

Wir haben es geschafft. Die Koffer sind auf dem Wagen. Jetzt kann es endlich weitergehen. Aber auch das ist leichter gesagt, als getan.

Jetzt müssen wir uns erst mal durch die Menschenmengen quetschen. Glauben Sie bitte nicht, dass da mal einer ein Stück zur Seite geht. Nein. Warum auch?
Also ab durch die Mitte. Und wenn da einer im Weg steht, sein Problem. Einfach draufhalten. Der wird schon zur Seite gehen. Machen Sie auch so?

Dieses Phänomen kennen Sie bestimmt auch von anderer Stelle. Wenn Sie zuhause in Deutschland ankommen und Sie haben Ihren Koffer, dann ist es noch nicht geschafft. Sie müssen noch durch die wartende Menge der Abholer.

Wenn Sie Pech haben, kommen zeitgleich mit Ihnen noch einige weitere Ferienbomber an. Von den Passagieren werden natürlich auch schon einige sehnsüchtig erwartet. Die Abholer stehen alle da draußen und immer wenn die Tür aufgeht, dann werden die Hälse gestreckt, um zu sehen, ob die Lieben denn auch wirklich angekommen sind.

Da wird gewinkt und gerufen. Mit der Rose gefuchtelt und am besten auch noch fotografiert. Ja, ich habe sie gesehen, sie sind tatsächlich da. Na klar. Wo sollen sie denn sonst sein? Noch im Flieger?
Oder noch im Urlaub? Ein paar Tage verlängert ohne Bescheid zu sagen?

Obwohl, wenn ich die Freunde und Verwandten so sehe, wäre das vielleicht die bessere Entscheidung gewesen.

Sie wollten die ungeschminkte Wahrheit. Also hier ist sie.

Worauf wollte ich eigentlich hinaus? Ach ja. Wir müssen durch diese netten, freundlich winkenden Menschen hindurch. Wir wollen nach Hause. Aber auch hier die Frage: Glauben Sie, dass da irgendeiner auch nur die geringsten Anstalten macht, zur Seite zu gehen, wenn wir voll beladen dort hindurch wollen? Bzw. von wollen kann ja gar keine Rede sein.

Wir müssen. Es gibt keinen anderen Weg. Wenn es den gäbe, würden wir ihn ja nehmen.

Auch hier herrscht die gleiche Situation wie eben am Band, bei unserer Ankunft im Urlaubsland. Keiner geht auch nur einen Zentimeter zur Seite.

Wie reagieren Sie? Fragen Sie freundlich nach, ob Sie hier mal durch dürfen?

Oder lassen Sie an dieser Stelle auch gern mal Ihren Neandertaler die Überhand gewinnen?

Soll heißen, ab durch die Mitte. Hier werden keine Gefangen gemacht. Wie gesagt, wir wollen ja schließlich nach Hause. Da kann es schon mal zu Konfrontationen kommen. Egal, da müssen wir durch. Im wahrsten Sinne des Wortes.

Da sind sie wieder, diese ganzen Hindernisse, von denen wir eingangs gesprochen haben. Jetzt stehen sie sogar live und in Farbe vor uns. Und das schlimmste an der ganzen Geschichte ist, es war noch lange nicht Schluss. Denn eigentlich sind wir ja gerade erste angekommen. Sie erinnern sich. Wie haben unsere Koffer ergattert, haben uns durch die anderen Fluggäste gekämpft und begeben uns jetzt Richtung Hotel.

Hier gibt es jetzt drei Möglichkeiten, wie die Reise weitergehen kann. Sie haben eine Pauschalreise gebucht, so dass es auch einen Transfer mit dem Bus, vom Flughafen zum Hotel, für Sie gibt.

Sie haben eine Individualreise gebucht und fahren entweder mit dem Taxi oder dem Mietwagen zu Ihrer Unterkunft.

Was ist für Sie der angenehmste Weg? Haben Sie alles schon mal gemacht?

Okay, dann nehmen wir erst mal den Bus. Oh nein, schon wieder Busfahren. Wir waren doch eben auf dem Rollfeld schon genervt von den anderen Leuten. Jetzt müssen wir schon wieder in Höhle des Löwen. Aber wir haben uns ja selbst so entschieden.

Jetzt hängt es von der Entfernung unseres Hotels und der Route des Fahrers ab, wie lange wir es da aushalten müssen.
Je nachdem, was hier für Urlauber in diesem Bus sitzen, wünscht man sich ganz schnell in ein Taxi oder einen Mietwagen. Aber das ist natürlich eine Frage der Planung vor unserem Urlaub. Beim nächsten Mal sind wir schlauer.

Aber auch hier ist irgendwann unser Ziel erreicht. Wir haben es endgültig geschafft. Wir sind an unserem Reiseziel angekommen.

Also ab zur Rezeption, einchecken, Koffer auspacken und an den Pool oder den Strand und erst mal erholen.

Aber hey, nicht so schnell. So weit sind wir noch nicht. Erst mal begegnet uns an der Rezeption das gleiche Phänomen, wie beim Einchecken in unserem Heimatflughafen. Da sind schon welche vor uns da. Endlich mal wieder eine Schlange wartender Menschen. Hurra! Wir freuen uns!

Oder auch nicht. Aber wir regen uns nicht auf. Wir sind jetzt schon so nah am Ziel. Den Rest bekommen wir auch noch hin.

Gesagt getan. Wir erhalten von einer freundlichen Dame unsere Zimmerschlüssel und können endlich die Koffer auspacken.

Und? Ist das Zimmer so, wie Sie es sich vorgestellt haben? Ist es so, wie es im Prospekt beschrieben wurde?

Ich weiß gar nicht, wie genau die Statistiken darüber aussehen? Es gibt ja über so ziemlich alles Statistiken.

Okay, es gibt wahrscheinlich immer irgendetwas, was einem nicht gefällt. Ist ja schließlich auch nicht wie zuhause. Aber im Großen und Ganzen passt das schon. Also, wie eben erwähnt, Koffer auspacken und erst mal an den Pool.

Ich muss dazu sagen, es ist mittlerweile 14.30 Uhr. Wir könnten, nach der langen Reise, auch langsam mal wieder etwas essen. Also was machen wir jetzt zuerst? An den Pool oder etwas essen?

Vielleicht können wir ja beides miteinander verbinden. Ein schönes Plätzchen am Pool und ein Paar Snacks von der Poolbar. Das wäre toll.

Wenn da nicht die ganzen anderen Hotelgäste wären. Die liegen da nämlich schon alle bunt verstreut um die Poollandschaft herum. Um die Uhrzeit keine Chance eine freie Liege oder sogar mehrere freie Liegen zu ergattern.
Na gut, dann erst mal an die Poolbar. Da wird mit Sicherheit etwas frei sein. Wir haben Glück. Wir freuen uns.

Bevor wir uns jetzt mit den nächsten Situationen beschäftigen, müssen wir noch ein paar wichtige Details klären.

All-Inklusive oder nicht? Halbpension oder Vollpension? Oder nur Frühstück?

Da sind ganz wichtige Fragen, die Sie natürlich in Ihre Urlaubsplanung mit einbezogen haben.

Gehen wir im Moment mal von der Situation aus, dass wir nur Übernachtung / Frühstück gebucht haben, damit wir bei der restlichen Tagesgestaltung nicht so gebunden sind und auch flexibel reagieren können. Auch da hat wahrscheinlich jeder schon seine unterschiedlichsten Erfahrungen gemacht.

Was buchen Sie am liebsten?

Hängt von den Reisezielen ab? Okay. Da kommen wir dann gleich nochmal drauf zurück.

Also zurück zur Poolbar. Eine wichtige Information noch für Sie. Wir befinden uns in einem gehobenen Mittelklassehotel. Vier Sterne in der Landeskategorie. Das wären bei uns vielleicht gerade mal drei Sterne. Aber es sieht alles auf den ersten Blick nach vier Sternen aus. Passt ja auch gut zu unseren vier Weltmeistertiteln. Aber das ist ein anderes Thema.

Übrigens vier Sterne sind auch die Speisekarte an dieser Poolbar. Also nicht unbedingt die Auswahl der Gerichte, aber die Preise sind schon echt knackig.

Was ich erwartet hätte? Erst mal gar nichts. Ich bin gedanklich noch gar nicht so weit, über irgendetwas diesbezüglich nachzudenken. So richtig im Urlaub angekommen bin ich noch lange nicht.

Kennen Sie das auch?

Die ersten Stunden oder vielleicht sogar die ersten ein bis zwei Tage ist man irgendwie so zwischen den Welten. Noch halb zu Hause oder mit den Gedanken bei der Arbeit. Und auf der anderen Seite noch nicht richtig im Urlaub angekommen. Geht Ihnen das auch oft so?

Woran liegt das? Ist das ganz normal?

Man muss ja schließlich auch erst mal abschalten. Den Kopf frei kriegen. Die ganzen Gedanken, die nichts im Urlaub verloren haben, beiseiteschaffen. Das dauert nun mal etwas. Aber geht das heutzutage eigentlich überhaupt noch? Im Zeitalter der Handys und des kostenlosen W-LAN Zugangs?

Was sind Sie denn für ein Urlaubstyp?

Haben Sie Ihr Handy oder sogar Ihr Laptop oder Tablet immer dabei?

Warum? Weil Sie immer erreichbar sein wollen oder müssen? Weil Sie sich immer informieren wollen, was in der Welt so los ist?

Ich kann mich an Urlaube in meiner Jugend erinnern, da waren diese technischen Dinge noch weit entfernt. Da waren wir in irgendeinem Land, machten Urlaub und erholten uns. Wir waren nicht erreichbar. Höchstens über das Festnetz im Hotel. Zu der Zeit wurden noch Postkarten verschickt.

Für die Jüngeren unter uns. Das sind so kleine bunte Pappkarten, da kann man einen Gruß an seine Familie oder Freunde mit verschicken.

Dafür musste man allerdings Briefmarken kaufen und die Postkarte in einen Briefkasten werfen. Okay, wir waren oftmals eher wieder zu Hause, als die Postkarte, aber der gute Wille zählt.

Heutzutage werden SMS oder MMS verschickt. Und zwar nicht eine, sondern gleich hunderte. Oder es wird von jedem erdenklichen Ort direkt angerufen. Man hat ja schließlich eine Flatrate. Da wird „getwittert" und „gewhatsappt" was das Zeug hält.

Waren die Wörter „Flatrate" oder „Selfie" eigentlich schon mal Wort des Jahres? Bestimmt, oder?

Wie betrachten Sie eigentlich diese ganzen technischen Hilfsmittel? Fluch oder Segen?

Kommt darauf an wo wir uns befinden?

Aktuell im Urlaub.

Muss das Handy denn überall mit hin? Bricht die Welt zusammen, wenn wir es mal nicht griffbereit haben? Ist es schlimm, wenn wir mal fünf Minuten nicht erreichbar sind?

Früher saß man am Pool, hat vielleicht ein Buch gelesen oder mit etwas Glück eine aktuelle Tageszeitung vom Hotel bekommen.

Okay, oftmals war die auch schon einen Tag alt. Aber egal. Wir haben uns gefreut, einigermaßen aktuelle Nachrichten zu lesen.

Oder vielleicht haben Sie es auch so gemacht, wie es viele Urlauber gemacht haben. Nämlich keine Zeitungen, kein TV. Einfach mal entspannen, die Sonne und die Ruhe genießen. Erholung pur.

Wenn man dann zurückgekommen ist, musste man sich erst mal einen Überblick verschaffen, was in den letzten Wochen so alles passiert war. War das nicht spannend? Man kam sich so vor, als käme man aus einer anderen Welt zurück.

Das waren noch Zeiten. Das war noch ein richtiger Urlaub.

Verstehen Sie mich bitte nicht falsch. Ich möchte damit nicht sagen, dass früher alles besser war. Nein, das war es mit Sicherheit nicht. Die wichtige Frage ist nur, wie gehen wir heute mit all diesen uns zur Verfügung stehenden Mitteln um?

Wenn wir mal genau darüber nachdenken, sind zum Beispiel Handys doch grausam, oder?

Na klar, sie können auch sehr nützlich sein oder sogar Leben retten. Aber sie können auch ganz schön nerven.

Wobei es ja nicht die Geräte an sich sind, die uns nerven, sondern diejenigen, die sie bedienen. Die Technik alleine tut uns nicht weh. Im Gegenteil. Sie hilft uns in vielen Situationen weiter. Wenn es diese ganzen Entwicklungen nicht gäbe, würden wir uns wahrscheinlich immer noch in der Steinzeit aufhalten. Gut, der eine oder andere Neandertaler hätte es dann leichter. Aber generell muss man sagen, ist es doch enorm, was sich in den letzten 20 Jahren aus technologischer Sicht so alles getan hat.

Aber wie gesagt, es kommt immer auf die Menschen an, die diese Geräte bedienen.

Finden Sie es nicht auch grausam, wenn Sie am Pool liegen und nebenan erzählt wieder mal einer so laut von irgendwelchen Dingen, so dass Sie am liebsten hingehen würden, ihm das Handy abnehmen und in den Pool werfen?

Oder sind Sie der „Dauertelefonierer" neben mir? Haben Sie gerade über belangloses Zeug gesprochen? Sie mussten berufliche Dinge besprechen? Ohne Sie läuft in Ihrer Firma gar nichts? Das ließ sich nicht vermeiden? Sie sind aber auch wichtig, verdammt noch mal.

Ach kommen Sie, hören Sie doch auf. Das sind doch alles nur faule Ausreden. Ihnen ist einfach langweilig. Ihre Frau ist mit den Kindern beschäftigt und Sie wissen nichts mit sich anzufangen. Also wird das Handy zum Glühen gebracht.

Und das Schlimme daran, da wird so laut ins Telefon geschrien, dass jeder am Pool jetzt genau weiß, was bei Ihnen so unheimlich wichtiges los ist. Ob es uns interessiert oder nicht. Wir bekommen alles mit.

Geht Ihnen das nicht auch tierisch auf den Wecker?

Sie wollten ja, dass ich kein Blatt vor den Mund nehme.

Sollte man das nicht langsam mal verbieten?

Es gibt mittlerweile immer mehr Gegenden, an denen es verboten ist mit dem Handy zu telefonieren. Es gibt Fitnessstudios, da dürfen Sie kein Handy in den Trainingsbereich mitnehmen. Es gibt in Zügen bestimmte Bereiche, da steht dran: Ruhebereich. Das hat nichts mit schlafen oder hinlegen zu tun, sondern dort darf nicht telefoniert werden.

Oder in Restaurants stehen Schilder, die ausdrücklich darauf hinweisen, dass das Telefonieren dort nicht gestattet ist. Da kann man nur sagen, weiter so. Mehr davon.

Jetzt höre ich schon wieder die Leute sagen: Bald wird uns alles verboten. Das Rauchen ist auch schon fast überall nicht mehr erlaubt. Das Telefonieren wird auch immer mehr eingeschränkt. Bald schreibt man uns noch vor, welche Kleidung wir wann und wo tragen sollen.

Sie haben ja Recht. Zu viele Regeln bedeuten auch gleichzeitig den Verlust von Freiheit. Das stimmt. Sollten wir uns dann nicht mal die Frage stellen, wieso das alles passiert?

Gut, das Thema Rauchen hat ganz klar gesundheitliche Gründe. Für alle Beteiligten.

Aber durch das Telefonieren anderer Menschen ist ja noch keiner erkrankt, oder?

Wobei, Wahnsinn ist doch auch eine Krankheit. Ist es Ihnen auch schon mal so ergangen, dass Sie gesagt haben: Ich werde gleich wahnsinnig, wenn der oder die nicht sofort aufhört den Alleinunterhalter zu spielen!?

Aber was wollen wir in dem Moment dagegen machen? Hingehen und freundlich darum bitten, uns nicht an seinen Gesprächen teilhaben zu lassen. Oder dem Neandertaler freien Lauf lassen?

Ja, jetzt haben es alle mitbekommen.

Schön, dass Sie jetzt gerade in der Schlange im Supermarkt stehen und nachher noch mit dem Hund rausmüssen. Aber das interessiert uns nicht!

Nein, das würden wir nie tun. Wir sind ja gut erzogen. Und den Neandertaler auf unserer Schulter haben wir gut im Griff.

Aber jetzt sind wir doch mal ganz ehrlich. Muss das alles sein? Ist das nötig, seine Mitmenschen an allem und jedem teilhaben zu lassen?

Und wir wollen jetzt gar nicht über Facebook, Twitter, Instagram oder sonstiges sprechen. Wo ja sogar der Gang auf die Toilette kommentiert oder sogar bildlich dokumentiert und dann gepostet wird.

Nein, wir wollen nur in unserem Urlaub am Pool oder Strand einfach nur relaxen. Uns von unserem stressigen Alltag entspannen.

Und schon bimmelt es wieder irgendwo. Und fast jeder guckt auf sein Handy. Ist das meins? Ist das meins? Nein, es ist nicht Ihres. Aber es wird wahrscheinlich nicht lange dauern, bis auch Ihr Telefon sich bemerkbar macht. Keine Angst, irgendwer ruft Sie bestimmt gleich noch an.
Und wenn nicht, dann rufen Sie einfach jemanden an. Sie haben ja schließlich nicht um sonst die Flatrate gebucht.

Sie merken es schon, wir könnten uns stundenlang über dieses Thema unterhalten. Vielleicht sollte ich darüber mal ein separates Buch schreiben.

Übrigens, wissen Sie eigentlich noch, wo wir uns im Urlaub gerade aufhalten?

Richtig, an der Poolbar. Wir haben etwas von der Karte bestellt und genießen die ersten ruhigen Minuten unseres Urlaubs. Bis es am Nachbartisch klingelt. Nein, Spaß beiseite. Im Moment ist alles ruhig.

Wir hatten vorhin die Frage im Raum, was für ein Urlaubstyp Sie sind?

Da würde ich jetzt gerne noch einmal darauf zurückkommen. Wieso? Weil das ausschlaggebend ist für die nächsten Schritte, die wir jetzt in unserem Urlaub unternehmen. Sind wir der „faule Hund", der nichts anderes macht, als sich an den Pool oder den Strand zu legen, ein gutes Buch zu lesen und den Urlaub auf diese Art und Weise genießt?

Oder sind wir der „Actionjunkie", der nicht stillsitzen kann, der immer etwas unternehmen, besichtigen oder erleben muss?

Welcher Typ sind Sie?

Sowohl als auch? Sie machen, je nach Urlaub, das eine sowie das andere? Okay, gut zu wissen.

In meinem Freundeskreis gibt es auch die unterschiedlichsten Typen. Da gibt es die „Adrenalinjunkies", die jeden Tag Action brauchen. Für die ist es nur dann ein richtiger Urlaub, wenn an den einzelnen Tagen so viel Programm wie möglich ansteht.

Es gibt aber auch die Typen, die gerne Fernreisen machen, auf denen man beides kombinieren kann. Da wird an einem Tag der Krügernationalpark in Angriff genommen und am nächsten Tag wird ganz entspannt am Pool gelegen.

Und dann gibt es z.B. noch die Erkundungstouristen. Das sind diejenigen, die alle Städte und Orte an dem jeweiligen Urlaubsdomizil erkunden. Auch das kann Urlaub sein.

Wir sehen also, wie vielschichtig Urlaub ausfallen kann. Und es gibt noch viele Möglichkeiten mehr.

Letztendlich ist es auch gar nicht so wichtig, welcher Urlaubstyp wir sind. Wichtig ist, was wir aus unserem Urlaub machen.

Vielleicht sind Sie ja auch eher der Winterurlauber, der Skifahrer oder Snowboarder. Darüber haben wir noch gar nicht gesprochen. Kann ich auch nicht. Das letzte Mal, dass ich Winterurlaub gemacht habe, ist ca. 30 Jahre her. Damals, als kleiner Junge, in Garmisch-Partenkirchen.

Ich kann mich aber noch gut daran erinnern. Über Weihnachten und Sylvester. Massenhaft Schnee. Das war schon toll. Das kennt man ja als Flachlandtiroler nicht unbedingt.

Komischerweise hat es mich nie wieder in den Winterurlaub gezogen. Vielleicht sollte ich das mal wieder machen.

Auch dort gibt es ja die angesprochenen verschiedenen Urlaubstypen. Da gibt es diejenigen, die jeden Tag auf der Piste sind. Also die Skipiste ist jetzt gemeint. Aber abends wird dann die andere Piste erkundet. Das ist doch klar.

Oder es gibt die Wanderer oder die Langläufer, die einfach nur die Natur und die Ruhe genießen wollen. Auch hier gilt. Jeder so wie er es mag. Es gibt ja für jeden Wunsch den entsprechenden Ort.

Wir bleiben gedanklich aber erst mal wieder in den wärmeren Gefilden. Sommer, Sonne, Sand und Meer sind angesagt.

Wir haben ja gerade über die unterschiedlichsten Urlaubstypen gesprochen. Wenn Sie in ein fremdes Land reisen, versuchen Sie dann, sich in der Landessprache zu verständigen?

Wenn Sie zum Beispiel nach Spanien fahren.

Versuchen Sie dann auch ein bisschen Spanisch zu sprechen? Sie können kein Spanisch?

Kommen Sie, ein paar Wörter sind doch wohl drin. Zumindest bitte und danke müsste doch machbar sein oder? Also „por favor" und „gracias".

Das kennen Sie und ich bin mir sicher, das können Sie auch. Oder „Cerveza", also Bier bestellen. Uno, dos, tres. Das können Sie auch. Stimmt's?

Oder „aqua con gas". Wasser mit Sprudel haben Sie doch bestimmt auch schon mal bestellt. Na sehen Sie, Sie können doch Spanisch. Zumindest ein paar Brocken. Das reicht oftmals schon. Man muss sich nur trauen, bzw. man muss es einfach nur machen. Die Einheimischen werden es Ihnen danken.

Wenn Sie in Deutschland auf einen Touristen treffen, der sich bemüht einige Wörter auf Deutsch zu sprechen, freuen wir uns doch auch, oder?

Worum geht es?

Wir hatten in unserem letzten Urlaub leider wieder so einen Fall von absoluter Ignoranz.
Wir sind nachmittags angekommen, haben uns erst mal eingerichtet, das Hotel und die Umgebung erkundet und uns entschieden, den nächsten Tag am Hotelpool zu verbringen, um erst mal in Ruhe anzukommen.

Leider war auch hier die Situation so, dass morgens schon die ersten Handtücher auf den Liegen lagen, obwohl noch nicht einmal die Polster von den Mitarbeitern des Hotels darauf ausgebreitet waren. Und wir befinden uns in einem Hotel der gehobenen Kategorie. Nicht irgendwo in einem Touristenbetonkasten. Wobei das wahrscheinlich gar keine Rolle spielt. Im Gegenteil. Möglicherweise wird es immer schlimmer, wenn es teurer wird.

Auf jeden Fall waren die besten Plätze natürlich schon belegt. Wir haben dann trotzdem noch zwei recht schöne Plätze gefunden.

Wenn Sie im Urlaub sind und Sie liegen dann am Hotelpool, beobachten Sie dann auch die anderen Gäste?

Also ich meine jetzt kein Stalking oder so. Sondern einfach nur beobachten, was für Leute da sind und wie die sich so verhalten. Machen Sie das auch?

Nein, würden Sie nie machen. Sie interessieren andere Leute nicht. Ach, hören Sie doch auf. Sie gucken doch bestimmt auch genauer hin, wenn neue Gäste angekommen sind. Was sind das für welche? Wie sehen die aus? Wie verhalten die sich so?

Machen Sie nicht? Okay, dann gehören Sie zu den wenigen, die das nicht interessiert. Sie lesen lieber ein gutes Buch?

Gefällt mir. Ich hoffe, es ist eins von mir. Na gut, Sie dürfen auch noch andere Bücher lesen.

Vielleicht hängt das bei mir auch mit meinem eigentlichen Beruf zusammen, dass ich die Menschen beobachte. Hört sich irgendwie seltsam an, wenn ich das gerade schreibe. Aber Sie wissen, wie ich das meine. Wir beschäftigen uns sehr viel mit der Körpersprache und der daraus resultierenden Wirkung von uns Menschen.

Apropos Wirkung. Wie würden Sie diesen Begriff „Wirkung" eigentlich erklären? Was ist Ihrer Meinung nach Wirkung?

Wirkung ist z.B. das äußere Erscheinungsbild?
Das ist richtig.

Wirkung kann auch eine Reaktion sein, die ich auslöse? Das stimmt auch.

Wirkung können Gesten und Mimiken sein? Richtig.

Merken wir etwas? Wir können diesen Begriff „Wirkung" gar nicht so einfach oder einheitlich erklären. So, wie es für viele andere Dinge eine klare Definition gibt, gibt es das bei diesem Thema nicht.

Es gibt allerdings drei Wirkungsgesetze, die ich Ihnen gern näherbringen möchte, um Ihnen zu erklären, was das eigentlich ist, Wirkung.

Ich muss Sie allerdings vorwarnen, denn jedes dieser drei Wirkungsgesetze, dass Sie gleich lesen werden, ist schlimmer, als das vorherige.

Sind Sie bereit? Gut, dann fangen wir mal an. Das erste Wirkungsgesetz lautet ganz simpel:

Wir wirken immer!

Soll heißen, sobald wir nicht mehr alleine in einem Raum sind, wirken wir. Wir wirken, wenn wir lachen, wenn wir weinen, wenn wir husten, wenn wir schreien. Egal, was auch immer wir machen. Sobald wir nicht mehr alleine sind fangen wir an zu wirken.

Wenn Sie nachts wach werden und Sie schauen rüber zur Ihrer Partnerin oder Ihrem Partner, die wirken auf eine bestimmte Art und Weise auf Sie.

Wenn Sie jetzt schmunzeln, dann sind das Ihre Vorstellungen, die Ihnen da gerade irgendwelche Bilder in den Kopf projizieren. Damit habe ich nichts zu tun.

Also, erstes Wirkungsgesetz: Wir wirken immer.

Das zweite Wirkungsgesetz ist schon etwas komplizierter. Es lautet:

Es braucht gleich wenig oder gleich viel, um 100% positiv oder negativ zu wirken!

Was ist damit gemeint?

Die gleiche Tat bei verschiedenen Anlässen kann eine ganz gegenteilige Wirkung auslösen. Zum Beispiel ein Lachen auf einer Hochzeit kann etwas sehr positives, sehr Passendes sein. Das gleiche Lachen hingegen auf einer Beerdigung könnte sehr makaber wirken. Das heißt, die gleiche Tat bei verschiedenen Anlässen kann eine ganz gegenteilige Wirkung auslösen.

Wir befinden uns, von unserer Wirkung her, immer auf einem ganz schmalen Grat. Die Gefahr auf die eine oder andere Seite, das heißt positiv oder negativ zu kippen, ist sehr groß.

Das dritte und letzte Wirkungsgesetz ist auch gleichzeitig das schlimmste. Es heißt:

Die Wirkung auf das Unterbewusstsein!

Warum ist das das schlimmste dieser drei Wirkungsgesetze? Was glauben Sie?

Richtig, weil wir uns nicht dagegen wehren können. Jeder Mensch kann mit bestimmten Worten oder Gesten an das Unterbewusstsein seines Gegenübers senden, ohne dass der sich dagegen wehren kann.

Sie wollen ein Beispiel? Gerne. Wenn ich Ihnen jetzt sage: Wenn Sie morgen früh zur Arbeit fahren, achten Sie bitte nicht auf gelbe Autos. Was werden Sie tun? Sie achten speziell auf gelbe Autos.

Weil in Ihrem Unterbewusstsein nur diese Begriffe, „gelbes Auto", verankert sind. Der Rest ist nicht mehr wichtig.

Oder ein anderes Beispiel: Gehen Sie mal zu Ihrem Partner, stellen sich vor der Person hin, strecken Ihre offenen Hände mit den Fingern nach oben aus und fragen:

„Wie viele Finger haben 10 Hände?"
Die Antwort muss jetzt schnell kommen. Wenn also nicht sofort eine Antwort kommt, dann die Frage direkt noch einmal wiederholen. Wie viele Finger haben 10 Hände?

Was hat Ihr Gegenüber gesagt? ...100?

Wie viele Finger haben denn 10 Hände? 50!

Was passiert? Das Bild der 10 Finger geht so schnell in das Unterbewusstsein, so schnell kann das Bewusstsein gar nicht folgen. Und schon kommt die Antwort 100. Wenn sich das Bewusstsein einschaltet, dann wird über die Frage nachgedacht. Eine Hand hat fünf Finger. Das Ganze mal 10 sind 50. Und man kommt man auf die richtige Antwort.

Warum erzähle ich Ihnen das alles? Und was hat das mit unserem eigentlichen Thema Urlaub zu tun?

Sehr viel.

Wie wirkt das auf Sie, wenn morgens, schon vor dem Frühstück, die ersten Menschen am Hotelpool entlangschleichen und sich die vermeintlich besten Liegen reservieren?

Es soll ja sogar Menschen geben, die sich dafür extra den Wecker stellen. Aufstehen, Handtuch auf die Liege, wieder zurück ins Zimmer und weiterschlafen. Irgendwann steht man dann auf, geht gemütlich zum Frühstück und erscheint nach geraumer Zeit dann endlich mal am Pool. Die anderen Liegen sind mittlerweile auch schon alle belegt, so dass andere Gäste gar nicht mehr die Chance haben, ein freies Plätzchen zu finden.

Aber Hauptsache Sie haben ihre Liegen schon vor Stunden reserviert. Sie sind auf der sicheren Seite. Sie können sich Zeit lassen. Schließlich sind Sie heute Morgen extra so früh aufgestanden. Dann kann man es jetzt natürlich etwas ruhiger angehen lassen.

Ob ich hier gerade von Ihnen spreche? Nein, das würde ich mir nie erlauben. Oder fühlen Sie sich etwa angesprochen?

Sind Sie so ein „Liegenreservierer"?
Sie wissen schon, dass das eigentlich verboten ist. Ich sage bewusst eigentlich, weil sich anscheinend keiner oder sagen wir so, zumindest die wenigsten daran halten.

Bei unserem letzten Hotelaufenthalt gab es sogar Hinweisschilder in allen Sprachen, die das Reservieren von Liegen verboten haben.

Was glauben Sie? Hat sich da irgendjemand dran gehalten? Nein. Natürlich nicht. Okay, vielleicht schon. Wir haben natürlich nicht alle Personen kontrolliert. Aber nach der Anzahl der Handtücher zu urteilen, waren es die wenigsten, die das interessiert hat.

Was mit uns ist? Ob wir uns daran gehalten haben?

Jetzt wollen Sie es aber wissen. Ja klar. Sonst würde oder könnte ich ja hier nicht so darüber schreiben. Wir hatten eine ganz einfache Vorgehensweise. Entweder es waren Liegen frei, dann haben wir diese genutzt. Oder es war mal wieder alles belegt, dann sind wir erst mal an die unterschiedlichsten Strände gefahren und haben dann nachmittags noch etwas Zeit am Pool verbracht. Da waren dann schon wieder einige Liegen frei.

Okay, man muss dazu sagen, dass wir auch einen Mietwagen für die ganze Zeit des Urlaubs hatten, so dass wir mobil und flexibel waren. Das haben viele andere Urlauber nicht gemacht. Aber ist das ein Grund, für die komplette Zeit, die Liegen für sich in Anspruch zu nehmen? Den anderen Gästen gar nicht die Chance oder Möglichkeit zu geben, auch mal in den Genuss zu kommen?

Da sind sie wieder, die Egoisten. Man macht schließlich nur einmal im Jahr Urlaub. Da kann man schon mal egoistisch sein.

Und passend zu diesem Thema sind wir schon wieder bei der Wirkung von uns Menschen. Wenn wir uns diese Typen nämlich mal etwas genauer betrachten, dann fällt uns eines ganz schnell auf. Die wirken auf uns. Und ich schätze mal, nicht unbedingt in positiver Art und Weise.

Wenn wir uns diese Menschen, sagen wir einen Teil dieser Menschen anschauen, sie beobachten, dann wird uns ganz schnell bewusst, warum die so sind wie sie sind. Sie wissen schon, was ich meine.

Ach ja, Sie beobachten ja andere Menschen nicht, hatten Sie vorhin gesagt. Schade. Da entgeht Ihnen schon so einiges.

Wir hatten in diesem angesprochenen Urlaub mal wieder einen „Fall", bei dem alle Punkte zutrafen.

Zum einen waren er und seine Frau unter anderem auch diejenigen, die sich früh morgens schon ihre Lieblingsliegen reservierten. Die saßen dann aber so lange beim Frühstück, bis fast schon wieder für das Mittagessen eingedeckt wurde.
Bequemten sich dann irgendwann mal zu Ihren Liegen. Wobei ich mich etwas genauer ausdrücken muss.

Reserviert waren drei Liegen, da zwei Erwachsene und ein Kind.

Zu den Liegen erschien morgens oder sagen wir besser am frühen Mittag, aber nur der Mann. Die Frau und das Kind waren anderweitig beschäftigt. Aber hey, Hauptsache schon mal drei Liegen und einen Sonnenschirm reserviert.

Der Mann, Typ Neureich und besonders wichtig, erschien dann jedes Mal schlürfender Weise mit seinen Hotellatschen. Sie kennen diese weißen Hotelpantoffeln, die eingeschweißt auf jedem Zimmer liegen. So kam der übrigens auch zum Frühstück. T-Shirt, Shorts und die weißen Schlappen.

Man wollte ihm eigentlich zurufen: *„Heb' die Füße hoch beim Gehen."* Habe ich aber natürlich nicht getan. Ach so, eins habe ich noch vergessen. Immer dabei natürlich sein Tablet und sein Handy. Ist doch klar. Man muss immer erreichbar sein und immer seine Mails checken. Vor allen Dingen, morgens am Frühstückstisch. Geredet wurde mit der Familie so gut wie gar nicht.
Beides zusammen geht natürlich nicht. Und den anderen Gästen oder den Mitarbeitern des Hotels mal *„Guten Morgen"* sagen, das ging natürlich auch nicht. Da hätte er ja seinen Mund für öffnen müssen.

Okay, das hat er dann beim Essen dafür umso mehr getan. Auch während des Essens blieb der Mund geöffnet. Sehr appetitlich. Es war eben ein echter Spezialfall.

Eines Tages lagen wir wenige Meter entfernt von unserem „Freund" und hatten somit das volle Programm hautnah zur Verfügung.

Ich muss dazu sagen, dass meine Frau sich nicht so intensiv mit dessen Wirkung beschäftigt hat, wie ich es getan habe. Aber wie gesagt, das hängt wahrscheinlich mit meinem eigentlichen Beruf zusammen.

Auf jeden Fall gehörte er auch zu diesen „Dauertelefonierern". Da wurde über alles Mögliche am Telefon gesprochen. Dinge, die die Firma betrafen. Private Gespräche, welches Haus er sich angucken wollte, wie das Wetter gerade ist, usw.

Warum ich Ihnen das alles so präzise wiedergeben kann? Wir lagen nicht so weit weg. Wir konnten alles sehr gut hören. Zu gut muss man sagen.

Geht es Ihnen da so wie mir? Wollen Sie das alles auch nicht mithören? Also ich will das nicht hören. Ich will doch nur meine Ruhe. Apropos Ruhe. Wir hätten ihn auch hören können, wenn wir auf der anderen Seite des Pools gelegen hätten. Ja genau.

Wieder so ein Mensch, der in sein Telefon hineinschreit. Klar, von Spanien nach Deutschland das ist ja auch schon eine ganze Ecke. Da muss man schon mal etwas lauter reden, damit der andere mich auch versteht.

Ob uns das in irgendeiner Weise stört, das interessiert den doch kein bisschen. Sie glauben doch nicht, dass der darauf Rücksicht nimmt. Gott sei Dank sind nicht alle Menschen gleich. Denn es gibt auch die Menschen, die wirklich auf andere Rücksicht nehmen. Die gehen in eine ruhige Ecke, wenn sie telefonieren oder verlassen den Raum. So gehört sich das. Das ist doch alles auch eine Frage der inneren Einstellung.

Womit wir wieder beim Thema Egoismus sind. Aber vielleicht ist es das gar nicht unbedingt. Vielleicht ist es vielen Menschen überhaupt nicht bewusst, dass sie anderen, mit dem was sie tun, auf den Geist gehen.

Wahrscheinlich ist es für die normal, weil es so viele andere Menschen auch machen. Und genau da liegt möglicherweise das Problem. Man will sich vielleicht einfach nicht weiter einschränken. Das Rauchen in der Öffentlichkeit ist auch schon so gut wie fast überall verboten. Das Telefonieren wird auch immer weiter eingeschränkt. Irgendetwas muss man doch noch machen dürfen. Aber ist das ein Grund, völlig rücksichtslos durch das Leben zu gehen?

Es gibt nun mal gewisse Regeln und Werte, die für uns Menschen wichtig sind. Wenn das nicht so wäre würden wir uns ganz schnell in der Anarchie wiederfinden.

Genau diese Regeln, also die Verhaltensregeln, gibt es ja auch in Hotels. Speziell in den Urlaubshotels. Dieser angesprochene Spezialfall allerdings, hatte davon anscheinend noch nie etwas gehört. Oder es war ihm völlig egal.

An einem anderen Tag saßen wir mittags gemütlich an der Poolbar, wollten eine Kleinigkeit zu uns nehmen, da tauchte er wieder auf. Richtig, der Mann mit den weißen Hotelschlappen, dem schlürfenden Gang und dem Telefon in der Hand.

Dreimal dürfen Sie raten, wo er sich hingesetzt hat? Nein, nicht an unseren Tisch. Das auf gar keinen Fall. Aber leider direkt an den Nachbartisch.

Und ich weiß nicht wie es Ihnen geht, aber dieser Typ war wie ein Unfall auf der Straße. Man muss einfach hingucken, obwohl man lieber nicht hingucken sollte. Geht Ihnen das auch so?

Was passierte?

Der Kellner kam, begrüßte ihn und fragte, ob er die Karte haben wollte? Halb auf Spanisch, halb auf Englisch.

Wie reagierte der „nette" Gast?

Ohne auch nur den Anschein einer Begrüßung oder geschweige denn eines Lächelns, antwortete er dem Kellner auf Deutsch. Na klar, warum auch nicht. Hier sind so viele Deutsche, da muss man doch nicht in einer Fremdsprache bestellen oder es auch nur versuchen.

Jetzt werde ich aber sehr pingelig? Man kann doch auf Deutsch bestellen?

Ja natürlich kann man das. Der Kellner wird das mit Sicherheit auch verstehen. Aber was spricht denn dagegen, ihn einfach mal nett und mit einem freundlichen Lächeln zu begrüßen?

Wenn uns in Deutschland ein Kellner begrüßt, dann sagen wir doch auch *„Guten Tag"*, oder etwa nicht?

Bei solchen Gästen muss man sich nicht wundern, dass die Einheimischen ziemlich genervt von uns Touristen sind. Ginge uns doch bestimmt genauso, oder?

Genau wie es in jeder Branche irgendwelche schwarzen Schafe gibt, so gibt es diese, bei uns Menschen generell, natürlich auch. Das Schlimme ist nur, wenn sie in Scharen auftreten. Dann wird es nicht mehr lustig.

Es gibt zu diesem Thema einen sehr wichtigen Punkt. Und zwar:

Ebenbürtiges Verhalten!

„Behandle deine Gegenüber so, wie du auch gern behandelt werden möchtest."

So wie man in den Wald hineinruft, so schallt es auch wieder raus.

Alles „Sprüche", die wir alle schon mal gehört haben. Warum halten sich dann so wenige Menschen daran?

Vielleicht kann dieses Buch ja dazu beitragen, dass wir andere Menschen generell wieder etwas wertschätzender behandeln. Das wäre doch schön, oder?

Mal gucken, ob wir das noch mit einigen weiteren Beispielen hinbekommen können.

Jetzt aber erst mal genug von diesem einen speziellen Typen. Kommen wir mal wieder zu den wichtigen Menschen, nämlich zu uns.

Wir haben ja gesagt, dass wir andere Menschen auf Anhieb nicht verändern können. Wir können aber bei uns anfangen und uns so verändern, dass es uns leichter fällt, mit diesen „Hindernissen" besser fertig zu werden. Was aber nicht heißen soll, dass wir uns jetzt den anderen anpassen. Auf gar keinen Fall.

Aber wir können doch ein Vorbild sein. Wir können uns so gegenüber anderen Menschen verhalten, dass es möglicherweise andere sehen und nachmachen.

Wobei das Thema Vorbild mich noch mal kurz zu unserem speziellen Kandidaten zurück bringt.

Ich hatte ja vorhin erwähnt, dass er nicht alleine im Urlaub war. Seine Frau und sein Kind waren auch mit dabei. Allerdings musste man sich fragen, ob das ein Familienurlaub war oder eher ein Singleurlaub. Denn wirklich oft hat man die Familie nicht zusammen gesehen.

Okay, wir können uns jetzt nicht anmaßen über die Beziehung dieser Familie zu mutmaßen. Aber merkwürdig ist es doch schon, wenn man die Familie selten zusammen sieht. Das soll aber nicht unser Thema und unser Problem sein.

Kommen wir mal zu einem ganz anderen Thema. Als Sie dieses Buch erworben haben, dachten Sie auch direkt an das Thema **„Wie verstehen sich eigentlich Paare im Urlaub?"** Worauf will ich hinaus?

Auf eine Situation, die viele von Ihnen vielleicht auch schon mal erlebt haben. Man ist schon eine gewisse Zeit mit seinem Partner zusammen. Zu Hause geht alles seinen gewohnten Gang. Man geht arbeiten, trifft sich abends zu Hause, usw. usw.

Irgendwann geht es dann ab in den Urlaub. Zwei Wochen ausspannen, erholen und relaxen. Was passiert allerdings nach einiger Zeit?
Es gibt Streit. Streit über teilweise belanglose Dinge, wie Ordentlichkeit, Sauberkeit, Tatendrang oder Erholungsphasen.

Sie wissen noch nicht genau, worauf ich hinaus will? Dann haben Sie möglicherweise Glück und es geht in Ihrem Urlaub friedlich zu. Sie verstehen sich gut und streiten nicht.

Genauso sollte es ja auch sein. Aber leider klappt das nicht bei allen Paaren so gut.

Da wird über das Handtuch auf dem Boden, die Socken auf dem Stuhl oder die Badeklamotten auf dem Sofa gestritten. Dann passt dem einen das Restaurant nicht, der andere ist genervt von auf einmal zu viel Sonne und so geht das dann mit allen möglichen Dingen weiter.

Ist es dann überhaupt noch möglich, einen erholsamen und entspannten Urlaub zu erleben?

Haben wir dann noch Freude an der teuer bezahlten Reise oder an unserem Partner?

Kostet dann nicht alles umso mehr Kraft?

Also für uns die ganz wichtige Frage, was wir tun können, um diese ganzen Sachen zu vermeiden?

Wir hatten ja schon über die wichtige Aussage und damit verbundene innere Einstellung gesprochen:

Ich bestimme selbst über wen oder was ich mich ärgere!

Zu diesem Satz gibt es ein sehr passendes Oberthema:

Alles hat zwei Seiten! Jeder Mensch hat aus seiner Sicht gesehen Recht, denn er sieht es so!

Was ist damit gemeint?

Stellen wir uns mal folgende Situation vor:
Wir sitzen mit unserer Familie, das heißt mit vier Personen, verteilt um den Esstisch. Auf diesem Tisch steht oben eine Flasche und darunter steht ein Glas. Sie sitzen auf der rechten Seite des Tisches und sagen:
„Rechts steht die Flasche und links steht das Glas."
Ihr Sohn sitzt unten am Tischende und sagt:
„Das stimmt doch gar nicht. Vorn steht das Glas und dahinter steht die Flasche."
Links am Tisch sitzt Ihre Tochter, die sagt:
„Ist doch alles Quatsch, rechts steht das Glas und links steht die Flasche."
Oben am Tisch sitzt Ihr Partner oder Ihre Partnerin und sagt:

„Ich weiß gar nicht was Ihr wollt, ich sehe nur Flaschen, ähm nur die Flasche!"

Wer hat denn nun Recht von diesen vier Personen?

Der, der oben am Tischende sitzt? Nein. Jeder dieser vier Personen hat aus seiner Sicht gesehen Recht, denn er sieht es so. Also denkt er so, also spricht er so oder handelt so.

In wie fern hilft uns das jetzt irgendwie weiter, wenn wir uns über den Beziehungsstreit im Urlaub unterhalten?

Das sage ich Ihnen gern.
Weil wir uns ab sofort weniger ärgern werden. Weil wir dieses Bild des Tisches immer dann vor Augen haben werden, wenn mal wieder auch nur der Ansatz eines Streits in der Luft liegt.

Denn die wichtige Frage, die wir uns immer wieder stellen müssen: Was bringt es uns, wenn wir uns jetzt darüber aufregen oder wenn wir uns jetzt mit unserem Gegenüber streiten?

Und wenn wir ehrlich sind, bringt es uns und dem Beteiligten nichts. Außer noch mehr Frust, Rage, Zorn und Wut. Denn wer gibt in einem Streit schon gern klein bei?

Auf gar keinen Fall. Dann wäre man ja der Verlierer.

Nein, das können wir nicht akzeptieren. Da wird so lange diskutiert bis entweder irgendeiner entnervt aufgibt oder sich das Ganze so hochschaukelt, dass nachher nicht mehr miteinander gesprochen wird. Na prima, dann wird der Rest des Urlaubs ja die wahre Pracht.

Auch hier stellt sich die Frage: Was bringt es uns, wenn wir über bestimmte Dinge oder Themen endlose Diskussionen führen? Was will jeder der Beteiligten haben? Recht! Geht das denn? Nein! Wie gehen wir dann auseinander? Im Streit.

Aber genau den wollten wir doch vermeiden. Ob ich hier aus eigener Erfahrung spreche? Na klar. Auch ich habe solche Situationen früher öfter mal erlebt. Aber man wird ja älter, lernt dazu und macht bestimmte Sachen bewusst anders.

Da sind wir aber auch wieder bei einem ganz wichtigen Stichwort: Bewusst.

Wir haben uns ja mit dem Bewusstsein und dem Unterbewusstsein schon ausführlich auseinandergesetzt. Und genau das ist auch an dieser Stelle wieder ein ganz wichtiger und entscheidender Faktor.

Wenn wir es nämlich schaffen, bewusst auf solche Situationen zu reagieren, dann können wir den viel angenehmeren Weg für alle Beteiligten gehen.

Indem wir uns sagen: Jeder Mensch hat aus seiner Sicht gesehen Recht. Die Frage ist: Warum sieht er oder sie es so?

Wenn wir das also so bewusst machen, gehen wir der Gefahr aus dem Weg in einen Streit oder in eine ausweglose Diskussion zu geraten.

Wenn wir aber unbewusst reagieren, das heißt also unseren Gefühlen freien Lauf lassen, dann kann das sehr schnell sehr unangenehm werden.

Also unter der Überschrift **„Alles hat zwei Seiten"** und mit dem Zusatz **„Über wen ich mich ärgere entscheide ich immer noch selbst"** verbürgt sich für uns die optimale Einstellung, um mit unseren Mitmenschen oder Partnern ein harmonischeres Miteinander zu gewährleisten.

Jetzt höre ich schon wieder den ein oder anderen sagen: Ja, das mag ja sein. Aber ich kann doch auch nicht alles in mich hineinfressen. Ich muss doch meinen Frust auch mal rauslassen.

Da haben Sie Recht. Die Frage die sich dann allerdings wieder stellt: Muss das denn bei unserem Partner sein?

Gibt es denn nicht genügend andere Möglichkeiten, bei denen man seinen Frust oder Ärger herauslassen kann?

Der eine geht zum Sport. Der andere geht in den Keller und schreit ein paar Mal laut. Der nächste geht eine rauchen. Manche Leute kaufen sich Süßigkeiten. Und es gibt sicher noch viele Möglichkeiten mehr, mit denen man seinen Frust abbauen kann.

Wenn wir an unseren Urlaub denken, in dem wir uns ja gerade befinden, was können wir da tun?

Wir können eine Runde Joggen gehen. Wir können uns einen kühlen Kopf holen, in dem wir ein paar Bahnen im Pool schwimmen. Wir können uns etwas Leckeres zu Essen kommen lassen. Oder wir gucken einfach mal nach oben und genießen das schöne Wetter und den blauen Himmel. Ist das nicht alles viel angenehmer, als wieder zu streiten und zu diskutieren?

Denken wir doch genau daran, wenn sich vor uns wieder diese dicken Gewitterwolken aufbauen. Also nicht die am Himmel, dagegen können wir nichts machen. Aber auf die anderen Themen können wir Einfluss nehmen. Und zwar nur wir. Es kann kein anderer machen. Wir sind doch selbst verantwortlich für unser Verhalten.

Da kommen wieder zwei Stichwörter zusammen, die uns zu unserem nächsten Thema bringen: Gewitterwolken, also schlechtes Wetter und unser Verhalten.

Wie reagieren Sie denn eigentlich, wenn das Wetter Ihnen im Urlaub einen Strich durch die Rechnung macht?

Wir haben uns auf tolles Wetter, Sonne, angenehme Temperaturen eingestellt und nichts von dem trifft zu. Was machen wir jetzt?

Das wäre doch der richtige Moment, um sich zu ärgern, oder?

Wäre er, das stimmt. Machen wir aber nicht. Natürlich verbinden wir mit unserem Jahresurlaub in südlichen Gefilden all diese schönen Eigenschaften. Aber eine Garantie gibt es dafür nicht. Das Wetter ist so ziemlich das Einzige, was wir Menschen nicht beeinflussen können. Gott sei Dank.

Stellen wir uns doch nur mal vor, wir könnten uns das Wetter für unseren Ort so machen, wie wir es haben wollen. Das hört sich im ersten Moment vielleicht toll an, aber wenn wir genauer darüber nachdenken, gäbe es doch dann mit Sicherheit Mord und Todschlag. Denn jeder will es doch wieder anders haben. Recht machen kann man es doch sowieso nicht allen.

Also ist es gut so wie es ist. Wer weiß schon wie es in der Zukunft aussehen wird. Aber wir leben ja im hier und jetzt. Und jetzt ist das Wetter nicht so, wie wir es uns vorgestellt haben.

Unsere Kleidung ist auch nicht auf das schlechte Wetter ausgerichtet. Was tun wir?

Ärgern wollen und werden wir uns nicht. Darüber freuen ist auch nicht so angebracht, oder?

Wenn wir mal einige Seiten zurückdenken, war das Thema Wetter bei unserer Urlaubsplanung aber ein ganz wichtiger Punkt. Die Familie wollte am liebsten eine Wettergarantie. Aber gibt es das? Eine Wettergarantie? Vielleicht wenn man in Länder reist, die nur eine Jahreszeit kennen, wie z.B. die Arabischen Emirate. Okay, es gibt sicher noch eine Menge anderer Länder, die je nach Jahreszeit eine Wettergarantie bieten können.
Wenn wir jedoch an unsere europäischen Reiseziele denken, an Spanien, Italien, Griechenland oder Kroatien, ist das leider keine Garantie für schönes Sommerwetter.

Geht es Ihnen auch so, dass Sie das Gefühl haben, dass es früher irgendwie anders war? Früher ist man im Sommer nach Spanien geflogen und konnte zu 99% sicher sein, dass man heißes Sommerwetter hat. Wie sieht es seit einigen Jahren aus?

Eigentlich ist es fast so, wie bei uns in Deutschland. Na gut, noch nicht ganz so schlimm. Der Sommer in Deutschland ist ja meistens an einer Hand abzuzählen.

Oder sagen wir es so. Der Sommer ist häufig schon im Frühjahr und der Herbst kommt dann schon im Sommer.

Manches Mal haben wir dann Glück und wir bekommen noch einen schönen Spätsommer. Aber ist es das, was wir uns wünschen? Nein. Wir wollen doch auch in Deutschland einen schönen Sommer haben. Aber das Leben ist nun mal kein Wunschkonzert.

Umso wichtiger für uns, wenn wir dann in den Urlaub fahren, dass wir auch mal in den Genuss eines richtigen Sommers kommen. Auch wenn es nur für zwei oder drei Wochen ist.

Wenn wir wüssten, dass unser Wetter auch dem eines Sommers entsprechen würde, dann würden doch sicher auch viele von uns ihren Urlaub zuhause, bzw. im eigenen Land verbringen, oder?

Urlaub auf „Balkonien" kann doch auch was Schönes sein. Zu diesem Thema komme ich gleich noch mal zurück.

Worauf wollte ich eigentlich hinaus? Wir sind in unserem Urlaubsdomizil. Das Wetter ist entgegen der Langzeitwettervorhersage, schlecht. Es ist sehr schlecht. Es ist also so wie bei uns in Deutschland. Na prima, da hätten wir ja auch zuhause bleiben können und das ganze Geld sparen können.

Apropos Wettervorhersage. Egal ob über die ganzen „Wetterapps" oder die Wetterseiten im Internet. Auch hier haben wir wieder die Situation von Vergangenheit und Zukunft.

Vor vielen Jahren, als es diese ganzen technischen Hilfsmittel noch nicht gab, mussten wir uns auf die Wetternachrichten im Fernsehen verlassen. Und die waren meistens noch für die nächsten drei Tage. Aber wie gesagt, früher brauchten wir das eigentlich gar nicht. Wir sind in den Süden Europas gereist und es war klar, wir haben schönes Wetter.

Wenn ich so an die letzten 10 Jahre zurückdenke, sieht das alles etwas anders aus. Vielleicht haben Sie ähnliche Erfahrungen gemacht.

Wir waren sehr häufig im Juli oder August unterwegs in Spanien, Italien oder Kroatien. Was haben wir für ein Wetter erlebt?

Auf jeden Fall verdiente es nicht die Bezeichnung Sommerwetter. Ich kann mich an ein Beispiel erinnern, das noch sehr präsent in meinem Gedächtnis ist. Wie erwähnt, es war Mitte Juli auf Deutschlands liebster Ferieninsel Mallorca. Der erste Tag war recht frisch, leicht bewölkt, aber trocken. Na gut, dachten wir uns, wir sind auf einer Insel, da kann das mal passieren. Ist ja auch nicht schlimm.

Am nächsten Morgen, nach dem Frühstück, gingen wir auf die Terrasse, schauten in den Himmel und sahen uns verwundert an. Wie war das Wetter? Kühl, leicht bewölkt und sehr windig. Ich muss dazu sagen, meine Frau hasst Wind. Also nicht den normalen Inselwind. Aber diesen Wind konnte man schon als leichten Sturm bezeichnen. Und wenn dann noch die Temperaturen gerade mal bei 16 Grad liegen, dann denkt man schon mal, man sei noch in Deutschland.

Die Stimmung sinkt. Die Laune wird immer schlechter. Wir sind doch hier, um Sonne, Sand und schönes Wetter zu genießen. Wir wollen uns doch erholen.

Können Sie das soweit nachempfinden? Haben Sie auch schon so erlebt?

Meine Frau war also bedient. Ich, als Optimist, wies meine Frau auf die Wettervorhersage der Wetterrapp hin. Die sah im Detail so aus: Für die nächsten 5 Tage Sonnenschein bei einer Temperatur von 24 bis 27 Grad.

Ja klar. Aber wo? In Ägypten? Da wäre es jetzt mit Sicherheit schön warm. Auch so ein Land, in dem wir eine Wettergarantie hätten. Aber nein, wir sind auf Mallorca. Dem „17. Bundesland".

Mit dem Wetter hat man langsam das Gefühl, es hat sich auch da angepasst.

Nicht nur, dass man auf dieser schönen Insel so ziemlich alles bekommen kann, was man auch in Deutschland erhält, man bekommt auch noch das gleiche Wetter.

Aber das wollen wir nicht. Wir wollen Spanische Hitze. Wir wollen rausgehen und sagen: *„Man ist das heiß hier. Was für eine Hitze."* So muss das im Urlaub sein.

Jetzt höre ich schon wieder einige sagen, wieso fährt der auch nach Malle? Da sind doch eh nur deutsche Touris. Ist doch grausam da. Das mag auf den ersten Blick auch richtig sein. Jeder Mensch hat aus seiner Sicht gesehen Recht. Wenn Sie die Insel allerdings so sehen würden, wie wir das seit vielen Jahren machen, dann hätten Sie auch ein ganz anderes Bild von dieser schönen Oase.

Wenn Sie in die „falschen" Ecken fahren, dann erleben Sie genau das, was viele Menschen nicht erleben wollen, wenn sie an einen entspannten Urlaub denken. Dann sind Sie aber auch selber schuld. Es gibt nämlich so viele Ecken, wo wir das Gefühl haben, in einer anderen Welt zu sein. In einer schönen anderen Welt.

Auf dieser Insel gibt es so viele Möglichkeiten, die landesüblichen Gegebenheiten zu erleben und zu spüren.

Fernab der ganzen Partytouristen, der Saufgruppen, Kegelclubs oder Junggesellenabschiede.
Aber auch hier gilt ja das Motto: Jeder so wie er mag. Man findet auf der Insel von allem etwas. Also auch wieder ein Merkmal dieser Insel. Es ist für jeden etwas dabei. Man muss nur in die richtigen Orte fahren. Wie Sie die finden können?

Durch das Internet. Das ist eine Möglichkeit. Aber auch hier landen wir wieder bei dem Thema Reisebüro. Dort kann man Ihnen, ganz nach Ihren Wünschen, konkret sagen, wo Sie hinfahren sollten oder was Sie besser meiden sollten.

In den letzten Jahren versucht die Inselregierung diesem ganzen Partytreiben etwas den Riegel vorzuschieben. Da werden „Eimersaufen" und „Komatrinken" schon direkt im Keim erstickt. Und vieles mehr wird dafür getan, um solvente Urlaubsgäste auf die Insel zu holen. Allerdings wird es die Hochburgen wie z.B. Arenal, immer geben. Aber auch andere Länder wollen sich diese ganzen Partytouristen holen. Warum auch nicht. Gibt ja genug davon.

Hört sich fast so an, als würde ich einen Reiseführer für Mallorca schreiben. Sollte ich vielleicht mal machen, so oft wie ich schon auf dieser Insel war.

Wir sind von unserem eigentlichen Thema, dem Wetter, leicht abgekommen. Aber nur ganz leicht. Also schnell mal wieder zurück.

Die „Wetterapp" hatte also für die ersten zwei Tage schon mal Unrecht. Und Sie können es sich vorstellen, wie es weiterging. Die nächsten Tage waren auch nicht das Gelbe vom Ei. Der Wind ließ nicht nach. Die Sonne kam auch nur selten heraus und die Temperaturen waren dementsprechend.

Wir haben uns an einem Tag frierend, mit Handtüchern zugedeckt, auf den Liegen am Pool wiedergefunden. Ist das die Definition eines erholsamen Urlaubs? Nein. Natürlich nicht.

Was machen Sie, wenn Ihnen das Wetter einen Strich durch die Rechnung macht?

Städtetour? Besichtigung von Museen und Kirchen? In die Altstadt gehen und Geschäfte gucken?

Hört sich gut. Und wenn Sie das alles schon mal gemacht haben? Wenn Sie die Insel so gut kennen, dass Sie das schon hinter sich haben?

Selber schuld? Warum fahren wir nicht mal woanders hin?

Da haben Sie Recht. Könnten wir machen. Haben wir nach diesem Urlaub auch gemacht.

Denn das Wetter wurde von Tag zu Tag immer schlechter. Regen kam auch noch hinzu. Aber hey, die Wetterapp zeigte immer schon schönstes Wetter an. Wollen die uns eigentlich verars….. Das kann doch wohl nicht wahr sein. Was war das Ende vom Lied?

Wir haben unseren Rückflug umgebucht und sind drei Tage eher nach Hause geflogen. Na toll.

Und solche Erfahrungen haben nicht nur wir gemacht. Verschiedene Freunde von uns haben ähnliches in den unterschiedlichsten europäischen Ländern erlebt.

Aber auch bei diesem Thema trennt sich ja wieder die Spreu vom Weizen. Es gibt Menschen, die sich über das schlechte Wetter ärgern und es gibt andere, die auch bei schlechtem Wetter sich nicht die Laune verderben lassen. Ganz nach dem Motto „Warum freue ich mich trotzdem?". Glückwunsch, wenn Ihnen das so gut gelingt. Da muss ich manchmal noch an mir arbeiten. Aber niemand ist perfekt. Das wäre ja auch langweilig.

Es wird leider immer nur dann schwierig, wenn zwei unterschiedliche Empfindungen bzw. Einstellungen aufeinanderprallen. Wenn Sie der ganzen Sache positiv gegenüber stehen oder sagen wir, zumindest neutral. Und Ihre Partnerin oder Ihr Partner nur das Schlechte an der Situation sehen.

Dann prallen zwei Meinungen aufeinander. Und was ist dann ganz schnell vorprogrammiert?

Ärger. Streit. Schlechte Stimmung. Konflikte. Usw.

Aber genau das wollen wir doch vermeiden. Wir sind doch im Urlaub. Streit und Ärger haben wir zuhause doch schon genug.

Ist das so? Dann läuft aber irgendetwas falsch, oder? Also ich meine nicht jetzt, im Urlaub, sondern generell.

Kennen Sie auch diese Paare, die sich im Urlaub krampfhaft zusammenreißen müssen, damit der Frieden auch ja bestand hat. Die Kinder kriegen zuhause schon genug mit, was sie eigentlich nicht hören oder sehen sollten. Dann kann man doch wenigstens im Urlaub auf „heile Welt" machen. Wenn man dann wieder daheim ist, dann ist der Alltag sowieso wieder bestimmend. Da gibt es eben mal mehr, mal weniger Stress.

Aber ist das gesund? Ist das die richtige Einstellung? Kann so eine Beziehung langfristig erfolgreich verlaufen?

Die Antwort ist doch klar. Nein. Kann sie nicht. Im Gegenteil. Man macht sich doch nur etwas vor.

Vielleicht war das auch der Grund, warum unser „Spezialist", also der Typ mit den Hotellatschen, immer nur alleine am Pool saß. Oder alleine an der Snackbar gegessen hat. Ich weiß es nicht. Aber möglich ist es.

Worauf will ich hinaus?

Was sind Sie denn für ein Paar? Ja, schauen Sie mal rüber zu Ihrer Partnerin oder Ihrem Partner. Und? Was sagen Sie?

Alles prima bei Ihnen? Das freut mich für Sie. Verstehen Sie mich bitte nicht falsch. Es gibt wahrscheinlich nicht die 100%ige harmonische Beziehung. Es gibt immer mal Meinungsverschiedenheiten. Es gibt ab und zu mal einen kleineren Streit. Man zofft sich mal. Das gehört vielleicht auch zu einer Beziehung dazu. Wichtig ist dabei, dass man immer fair und gerecht bleibt. Man muss sich nachher in die Augen sehen können.

Nun gut, wir wollen ja hier nicht unbedingt einen Beziehungsratgeber schreiben. Wie das allerdings mit vielen Dingen im Leben so ist, es gibt überall Parallelen. Manche Sachen kann man auf alle anderen Gegebenheiten projizieren, manche passen nur in der augenblichen Situation. Und in der augenblicklichen Situation befinden wir uns ja immer noch im Urlaub.

Wenn Sie dieses Buch übrigens gerade während Ihres Urlaubs unter den Palmen oder am Strand lesen, dann herzlichen Glückwunsch. Sie haben es sich verdient. Also das mit dem Urlaub unter Palmen. Okay das mit dem Buch auch. Sie wissen ja, jeder bekommt das, was er verdient. Wenn bei Ihnen gerade die Sonne scheint, dann haben Sie es sich wohl verdient. Wenn es bei Ihnen aktuell regnet, na dann …

Wenn ich mir das so recht überlege, in der letzten Zeit hat es bei meinen Urlauben ganz schön oft geregnet. Sollte ich vielleicht mal drüber nachdenken.
Wir wollen uns jetzt aber nicht schon wieder mit dem Wetter beschäftigen, das haben wir ja zu genüge getan. Wir wollen allerdings nochmal zum Thema der richtigen inneren Einstellung kommen, denn da geht mir gerade etwas durch den Kopf.

Wobei innere Einstellung ein sehr vielseitig anwendbares Thema ist. Es kommt zum einen auf die richtige innere Einstellung an, wenn ich den Urlaub plane, wie ich mit meiner Familie spreche, wie ich das Bestmögliche aus der Urlaubssituation mache.

Zum Thema der richtigen inneren Einstellung gehört aber auch das Verhalten von uns Menschen. Wieso? Weil beides miteinander zusammenhängt.

Ein Beispiel: Wir kamen bei unserer letzten Urlaubreise vor dem Hotel an.

Koffer aus dem Auto, rein zur Rezeption. Wir wurden sehr nett empfangen, wurden nach unserer Anreise befragt und uns wurde ein Erfrischungsgetränk angeboten. So weit so gut.

Während des Eincheckens kamen zwei Gäste an die Rezeption. Ich muss vielleicht noch vorweg sagen, es war ein vier Sterne Plus Golf und Spa Hotel. Hört sich dekadent an, war es aber nicht. Das merkten wir nämlich, als wir dieses Gästepaar an der Rezeption näher betrachteten. Wobei es da nicht viel zu betrachten gab. Also kleidungstechnisch. Sie war nur im knappen Bikini unterwegs und er hatte Badeshorts und Flipflops an. Sonst nichts. Sie war barfuß.

Jetzt könnten Sie ja sagen: Was ist denn daran so schlimm? Das ist eine berechtigte Frage. Schlimm im eigentlich Sinne des Wortes gar nichts. Aber ist es respektvoll? Ist es dem Hotel, deren Mitarbeitern oder dem Land gegenüber respektvoll?

Okay, wenn man irgendwo am Ballermann in irgendeiner Kaschemme absteigt, da ist das wahrscheinlich normal. Aber wir reden hier von einem Hotel der gehobenen Kategorie.

Na und, sagen Sie. Ich soll nicht so prüde sein? Darum geht es gar nicht. Von mir aus, wenn es gut aussieht, können die Leute so rumlaufen wie sie wollen.

Aber nochmal zurück zu unserem Thema. Die richtige innere Einstellung. Habe ich jetzt gerade diejenigen beleidigt, die nicht gut aussehen?

War nicht meine Absicht. Das ist eine reine Tatsache. Wenn etwas oder jemand gut aussieht, dann schaut man auch gerne hin. Wenn jemand nicht so nett rüberkommt, dann ist es doch ganz normal, wenn man dort nicht so gerne hinschaut, oder?

Gefährliches Thema? Ach kommen Sie, die Herren der Schöpfung. Seien Sie doch mal ehrlich. Sie liegen am Pool, schauen durch die Menge und erblicken eine gut aussehende Dame.
Da schauen Sie doch gern hin oder etwa nicht?

Wenn auf der anderen Seite eine Dame oder ein Herr an Ihnen vorbeigeht, der nicht so attraktiv ist, dann schauen Sie doch auch nicht länger hin, als es unbedingt sein muss, oder?
Das ist doch ganz normal. Das ist menschlich. Allerdings liegt Schönheit ja auch immer im Auge des Betrachters. Was Sie schön finden, finden andere Menschen vielleicht normal oder nicht so schön und umgekehrt.

Zurück zu unseren beiden leicht bekleideten Freunden an der Hotelrezeption. Jetzt ist der eine oder andere vielleicht geneigt zu sagen, ja das waren bestimmt Engländer oder Russen.

Die machen eh was sie wollen. Für die gibt es keine Vorgaben.

Nein, es waren Deutsche. Und man sah der Dame hinter der Rezeption an, dass Sie es als unpassend empfand, wie diese beiden Menschen dort auftauchten. Aber hat Sie sie darauf angesprochen? Nein. Auf jeden Fall nicht in unserem Beisein. Vielleicht hat sie es zu einem späteren Zeitpunkt noch getan. Man weiß es nicht. Die Frage, die sich mir stellt ist die: Was spricht dagegen, sich ein T-Shirt oder ein Hemd für diesen kurzen Moment überzuziehen.

Ja gut, es ist heiß draußen. 30 Grad im Schatten. Da ist jedes Kleidungsstück zu viel. Aber ein bisschen Anstand oder Etikette und auch Respekt, das kann man doch erwarten.

Wie würden Sie sich fühlen, wenn Sie in Deutschland in einem Geschäft arbeiten und es kommen Kunden zu Ihnen rein, die kaum noch Klamotten auf der Haut tragen? Wäre doch Ihnen gegenüber auch respektlos, oder?

Jetzt höre ich schon wieder die Leute sagen: Aber es ist doch Urlaub, da ist doch alles entspannter. Da muss man doch nicht alles so eng sehen. Das mag sein, dass das für bestimmte Dinge zutrifft.

Aber wenn ich in einem Hotel, Supermarkt, Bäcker oder Bekleidungsgeschäft in einem Urlaubsort arbeiten würde, möchte ich doch auch nicht auf die behaarte Brust oder die verbrannte Haut von irgendwelchen fremden Menschen gucken.

Kein Wunder, dass die Einheimischen uns Touristen nicht mögen. Auf der einen Seite leben sie zwar von uns. Auf der anderen Seite können sie diese ganzen Touristen aber auch nicht mehr sehen. Ist ja irgendwie auch verständlich.
Wir sehen, wir sind immer noch bei dem Thema der richtigen inneren Einstellung.

Wenn wir an dieser Stelle öfter mal über unser eigenes Verhalten nachdenken würden, dann würde unser Ansehen vielleicht auch ganz schnell wieder steigen.

Übrigens nochmal zurück zu den Engländern oder Russen. Die werden ja gern genommen, um sie als Paradebeispiel für den schlechten Touristen hinzustellen. Meine Erfahrungen der letzten Jahre sind da allerding ganz anders. Unsere letzten Aufenthalte in Ländern und Hotels, in denen sowohl viele Engländer, als auch Russen waren, sind sehr positiv. Die Menschen, die unangenehm aufgefallen sind, waren leider die Deutschen. Egal ob es durch Kleidung, Benehmen oder durch Liegen reservieren war.

Und ich weiß nicht, wie es Ihnen in manchen Situationen geht? Aber ich schäme mich dann oftmals ein Deutscher zu sein. Ich wünsche mir in dem Moment, ein Mensch aus einer anderen Nation zu sein. Meine Frau hat es da gut. Sie ist Spanierin. Am liebsten würde ich mich in solchen Momenten hinter ihr verstecken, damit man nicht erkennt, dass ich auch einer dieser Volltrottel sein könnte. Das ist bei einer Größe von 1,97 Meter allerdings etwas schwierig. Vor allen Dingen, wenn die Frau nur 1,64 groß ist.

Geht es Ihnen auch manchmal so? Wollen Sie sich auch verstecken?

Warum ist das anscheinend so vielen Menschen egal, wie sie auf andere wirken? Sind die so egoistisch oder einfach nur gleichgültig? Oder ist es Ihnen einfach nicht bewusst, was sie durch bestimmte Handlungen und Äußerungen für ein Bild abgeben?
Es sagt ihnen ja auch keiner, wie sie auf andere wirken. Das ist ja wahrscheinlich auch das Problem.

Warum gibt es denn nicht schon in der Schule Fächer wie z.B. Wirkung, Körpersprache, Kleidung, Etikette oder Werte? Oder noch besser. Zwischenmenschliches Verhalten. Da gibt es die Klassiker Deutsch, Englisch, Mathe, Geschichte, Biologie, Religion und Sport. Vielleicht noch Sozialwissenschaften und Pädagogik.

Aber werden dort solche wichtigen Themen besprochen? Ich glaube nicht. Nicht umsonst laufen so viele Menschen draußen rum, bei denen man sich nur denkt, was ist denn da passiert?

Wir brauchen ja nur mal mittags oder nachmittags den Fernseher anzumachen. Was es da alles für Typen zu sehen gibt, der pure Wahnsinn. Jemand hat mal gesagt, wenn alle Menschen gleich wären, wäre das ja auch langweilig. Das stimmt.

Es sollen ja auch nicht alle wie Roboter rumlaufen. Aber ein gewisses Maß an gesunder Eigeneinschätzung sollte doch schon vorhanden sein.

Und dieses eben angesprochene Verhalten in den Urlaubsregionen können wir wunderbar unter einer Überschrift zusammenfassen:

Ebenbürtiges Verhalten!

Sie erinnern sich? Das hatten wir schon mal. Es ist aber ein so wichtiges Thema, dass ich gern noch mal darauf zurückkommen möchte.

Warum behandeln wir Menschen in bestimmten Situationen anders?

Ich hatte auf einer Geschäftsreise passend dazu ein einprägsames Beispiel.

Ich stand an der Rezeption und wartete auf meinen Schlüssel, als neben mir ein anderer Gast einchecken wollte. Gut gekleidet, teurer Anzug, teure Uhr, usw. Er sagte seinen Namen und dass er ein Zimmer reserviert hatte. Die junge Dame schaute im Computer nach, konnte aber keine Reservierung entdecken. Daraufhin polterte der Mann los:

„Wissen Sie denn nicht wer ich bin, mein Name ist... Und ich will jetzt sofort mein Zimmer haben. "

Die immer noch freundliche Dame schaute ihn leicht verängstigt an und sagte:

„Es tut mir leid Herr..., unser Hotel ist leider ausgebucht. Wir haben kein Zimmer zur Verfügung."

„Dann holen Sie mir den Geschäftsführer, das wird Folgen haben." War dann seine Aussage.

Das Ende vom Lied habe ich leider nicht mehr mitbekommen, weil ich meinen Zimmerschlüssel in der Zwischenzeit bekam und nur leicht süffisant zu diesem Herrn rüber schaute und mir dachte: Was bist du für eine arme Wurst. Tritt hier auf wie „Graf Koks", dabei hätte er das ja auch ganz anders handhaben können.

Auf die Aussage, dass keine Reservierung vorliegt, hätte er ja auch so reagieren können, dass er sagt:

„Das überrascht mich jetzt aber. Was schlagen Sie vor, wie können Sie mir jetzt weiterhelfen?"

Ich bin mir sicher, dass die junge Dame dann gesagt hätte: *„Das tut mir sehr leid. Ich kann gern im Hotel XY anrufen, um zu klären, ob Sie dort noch ein Zimmer bekommen können."*

Also wir kommen wieder auf den Klassiker zu sprechen: So wie man in den Wald hineinruft, so schallt es auch wieder raus.

Ein alter Satz mit so viel Wahrheit dran. Wir könnten es auch noch ein bisschen anders formulieren, in dem wir es wie vorhin sagen:

Behandle Deine Gegenüber so, wie Du auch gern behandelt werden möchtest.

An diesem Beispiel erkennen wir wieder einmal, dass teure Kleidung und ein gepflegtes Äußeres keine Garantie sind, für eine gute Kinderstube.

Okay, vielleicht hat dieser Mensch auch nur einen schlechten Tag gehabt. Aber dafür kann sein Gegenüber ja nichts. Jeder von uns hat mal schlechte Tage. Aber wenn wir das immer an anderen, unbeteiligten Menschen auslassen, wo kommen wir denn dann hin?

Eine freundliche Begrüßung, ein nettes Lächeln kann oftmals viel mehr erreichen, als ein aggressives oder überhebliches Auftreten.

Und auch hier schließt sich wieder der Kreis zu unseren Urlaubskandidaten. Ja, die sind leider immer noch da. Und jeden Tag kommen neue an. Klar, der ein oder andere Volldepp reist auch wieder ab. Gott sei Dank. Aber dafür steht schon der nächste in den Startlöchern.

Und auch der sagt, dem Personal nicht *„Hallo"* oder *„Guten Tag"*, egal ob auf Deutsch oder in der Landessprache. Nein, warum auch. Er ist doch hier der Gast. Und der Gast, bzw. Kunde ist doch König. Also wird sich auch so verhalten. Das gemeine Volk, ach das sind doch alles Fußabtreter. Die sollen gefälligst Ihre Arbeit machen. Ich habe jetzt Urlaub.
Da kann man die guten Sitten und den Anstand gleich mal zuhause lassen. Jetzt bin ich der König. Also, Bedienstete sorgt für mich.

Zu übertrieben? Nein. Tausend Mal erlebt. Und tausend Mal geschämt. Am liebsten würde ich zu solchen Leuten hingehen und denen mal ordentlich die Meinung sagen. Aber da käme dann sehr schnell mein Neandertaler durch und das wollen wir ja nicht. Wir entscheiden selbst über wen oder was wir uns aufregen.

Manches Mal ist das allerdings gar nicht so einfach. Man handelt impulsiv, also ohne großartig darüber nachzudenken.

Oftmals ist das der falsche Weg. Manchmal aber auch der richtige. Wenn alle Menschen immer nur wegschauen, dann ändert sich auch nichts. Gefährlich wird es dann, wenn jemand helfen möchte und dann selbst zum Opfer wird.

Da gab es ja leider in der Vergangenheit das eine oder andere Beispiel, wo dieser Einsatz sehr tragisch geendet hat.

Also, worauf läuft das Ganze hinaus? Wir können und wir müssen besser oder anders sein als andere. Wir verhalten uns nicht wie die Axt im Walde. Wir sind nett, freundlich, höflich. So, wie sich ein Gast eben zu verhalten hat.

Wenn wir irgendwo eingeladen werden, behandeln wir die Gastgeber ja auch nicht abwertend, so als seien sie Personal, welches man gut und gerne mal als Fußabtreter benutzen kann. Würden wir das nämlich machen, dann wäre es das letzte Mal, dass wir eingeladen wurden.

Vielleicht ist das ein Grund, warum Sie in der letzten Zeit keine Einladungen mehr erhalten haben. Ich will Ihnen da nicht zu nahetreten.

Denken Sie mal über Ihr eigenes Verhalten nach. War es immer der Situation angebracht, dann war es okay. War es vielleicht von oben herab oder abwertend, ohne dass Sie es wollten, dann wissen Sie jetzt, warum Leute so reagieren wie sie reagieren.

Auch hierzu gibt es einen passenden Punkt:

Menschen urteilen gefühlsmäßig!

Ca. 80% unserer Entscheidungen, die wir treffen und unserer Äußerungen, die wir von uns geben, sind gefühlsmäßig, das heißt aus dem Bauch heraus. Da sind wir auch schon wieder bei dem Thema: Was mache ich bewusst und was unbewusst?

Wenn wir in einem Restaurant in unserem Urlaubsdomizil sitzen, haben unsere Bestellung aufgegeben und sehen, dass ein Pärchen, welches nach uns kam und auch nach uns bestellt hat, ihr Essen zuerst bekommt, dann kann man schon mal den Kellner etwas bestimmender fragen, was das denn solle. Das ist eine menschliche Reaktion.

Sie geschieht allerdings nur aus dem Bauch heraus. Ein Gefühl hat Ihnen gerade signalisiert, dass das ja wohl nicht sein kann. Wir sitzen und warten hier schon über eine halbe Stunde und die sind gerade mal 15 Minuten hier und haben schon ihr Essen auf dem Tisch.

Wenn wir unser Bewusstsein einschalten würden, dann käme uns vielleicht in den Sinn, dass die Auswahl der anderen Gäste wahrscheinlich eine ganz andere ist. Möglicherweise ist das viel schneller zuzubereiten, als das was wir bestellt haben. Und wir wollen ja schließlich frisch zubereitetes Essen.

Was können wir für uns daraus mitnehmen?

Die erste Entscheidung, die eben zu ca. 80% aus dem Bauch heraus getroffen wird, muss nicht immer die richtige sein. Oftmals ist es sehr hilfreich, kurz mal über die Situation nachzudenken und erst dann zu handeln. Das ist aber leichter gesagt, als getan.

Es ist sowieso generell leicht, sich hier hinzusetzen, ein Buch mit solchen schlauen Sprüchen und Erkenntnissen zu schreiben und zu sagen, machen Sie das Ganze so oder so. Anstatt rauszugehen und es in den unterschiedlichsten Situationen selbst zu erleben. Da haben Sie Recht.

Sie entscheiden letztendlich ja auch, ob Sie dieses Buch einfach nur lesen, im Sinne von unterhalten werden zu wollen oder ob Sie sich in der einen oder anderen Situation wiedererkennen und darüber nachdenken, Ihre Verhaltensweise beim nächsten Mal doch zu überdenken. Sie entscheiden das ganz allein.

Erfolg ist frei-willig!

Ganz bewusst auseinander geschrieben, frei-willig. Warum?

Es ist Ihr freier Wille, inwieweit Sie erfolgreich sein wollen. Sie entscheiden selbst, wie Sie sich verhalten, wie Sie denken und handeln. Wenn Sie darauf warten, dass das andere für Sie übernehmen, dann können Sie warten bis Sie schwarz werden.

Darf man das heute überhaupt noch sagen? Woher rührt diese Aussage überhaupt? Ist das politisch korrekt?

Aber da sind wir doch direkt wieder bei unserem eigentlichen Thema. Wir schweifen ein bisschen ab. Wir sind ja schließlich noch im Urlaub. Da sind die Krawatte und der Anzug schön zu Hause geblieben. Hier ist Freizeit. Urlaub. Erholung und Entspannung. Nicht immer diese ganzen Zwänge, Regeln und Vorschriften, die wir zu beachten haben. Hier können wir uns gehen lassen, hier kennt uns schließlich keiner.

Also Sandalen raus, weiße Socken an, Shorts und T-Shirt übergezogen und ab in die Urlaubswelt.

Neiiiin, bitte nicht. Haben Sie auf dieses Thema auch schon lange gewartet? Sie haben sich bestimmt gedacht, wann kommt der denn endlich mit diesem Thema. Alles nur ein Klischee? Diesen typisch deutschen Urlauber gibt es schon lange nicht mehr?

Oh, das wäre schön. Wenn Sie sich noch mal kurz an den Start unseres Urlaubs erinnern, genauer gesagt an den Flughafen. Die wartende Meute an dem Abfertigungsschalter. Lassen Sie sich die Bilder dieser Menschen noch einmal etwas näher durch den Kopf gehen.

Sie erinnern sich nicht mehr? Sie schauen da eh nicht so genau hin? Vielleicht auch besser so. Aber es gibt hunderte von Beispielen, wo wir solche optischen Katastrophen entdecken können.

Da stehen Menschen in der Schlange, bei denen denkt man: Kommen die gerade vom Strand? Shorts, T-Shirt und Flipflops. So wollen die in den Flieger?

Oder dahinter die etwas Gemütlicheren. Die stehen da in Jogginghose und Turnschuhen. Unterm Arm die Plastiktüte mit Marschverpflegung.

Ja genau, die sitzen gleich im Flugzeug schön neben Ihnen. Und wenn Sie Pech haben, dann ziehen die im Flieger erst mal Ihre Schuhe aus und dann wird es richtig angenehm.

Und wir reden hier nicht von irgendeiner bestimmten Gruppe von Menschen. Nein. Das kann jeder sein. Egal ob jung oder alt. Mann oder Frau. Alles in allen Varianten schon erlebt.

Sind Sie auch für Einführung eines Dresscodes bei Fluglinien.

Also nicht so wie beim Personal. Aber sollte in den Richtlinien nicht so etwas stehen wie zum Beispiel:

„Sehr geehrte Fluggäste, bitte beachten Sie unsere Richtlinien zum Thema Kleidung und Verhalten an Board. Sollten Sie beabsichtigen mit Flipflops zu reisen, dann gehen Sie bitte vorher zur Pediküre. Sollten Sie es sich bequem machen wollen, denken Sie bitte daran, dass Sie nicht zu Hause auf dem Sofa sind. Ihre Mitreisenden werden es Ihnen danken."

Oh, das geht doch nicht. Jetzt meldet sich schon wieder der ein oder andere und sagt: Noch mehr Vorschriften, noch mehr Zwänge. Langsam reicht es aber.

Ist ja ok, lieber Flipflopträger. Es ist ja nur ein Vorschlag. Nur so eine Idee. Bei so vielen unnützen Regeln, die es gibt, dachte ich, wir könnten mal eine nützliche Regel aufstellen. Aber gut, wenn Sie nicht wollen. Dann meckern Sie demnächst aber auch nicht, wenn es aus dem Fußraum so leicht anfängt zu muffeln. Sie wollten es ja so.

Übrigens in Hotels der gehobenen Kategorie ist das ja gang und gebe. Da steht ausdrücklich beschrieben, welche Kleidung erwartet wird und was nicht gestattet ist.

Wobei sich auch da nicht wirklich alle daran halten.

Während unseres letzten Aufenthaltes in einem Hotel in Barcelona, mussten wir leider die Erfahrung machen, dass das einigen Menschen anscheinend völlig egal ist, was verlangt wird, bzw. was überhaupt nicht geht.

Wir befinden uns morgens auf unserem Zimmer, die erste Nacht hinter uns und überlegen, was wir zum Frühstück anziehen. Also nichts Überkandideltes, aber ordentlich gekleidet sollte es schon sein. Gesagt getan. Ab zum Frühstücksraum, wo wir auch schon nett von einer Mitarbeiterin des Hotels empfangen werden. Zimmernummer genannt und rein ins Vergnügen. Einen schönen Platz gesucht, Kaffee erhalten und dann mal langsam das Buffet begutachten.

So weit so gut. Bei genauerem Hinsehen, also das Hinsehen auf die anderen Gäste, vergeht einem aber ganz schnell der Appetit. Wieso?

Wenn die, egal ob Frau oder Mann mittleren Alters, nicht mehr über die Haut und die Elastizität eines 20jährigen verfügen, dann kann man sich doch bitte auch dementsprechend kleiden, oder? Muss es die viel zu kurze Hose sein? Der viel zu kurze Rock oder das Trägershirt, das einem Einblick in eine Berg und Tallandschaft gewährt?

Und wir reden hier nicht über irgendeine Bruchbude, sondern über ein sehr gutes Hotel mit dementsprechenden Preisen.

Geld macht leider keine Leute. Oder wie sagt man das so schön? Gute Manieren kann man sich nicht kaufen. Mit Geld steigert man nicht seinen IQ.

Ich glaube, daran liegt es gar nicht nur. Natürlich gibt es viele Neureiche, die an viel Geld gekommen sind und jetzt einen auf „dicke Hose" machen. Schönes Bild. Passt gerade sehr gut dazu. Aus der Erfahrung der letzten 20 Jahre im Bereich des Verhaltenstrainings zeigt sich, dass Menschen oftmals gar nicht wissen, wie sie nach außen wirken. Welchen Eindruck sie hinterlassen. Gut, vielen ist es vielleicht auch egal. Die schei… auf irgendwelche Konventionen. Die machen was sie wollen und wann sie es wollen und wie sie es wollen.

Und genau die sind es auch, die uns andere in Verruf bringen. Stellen Sie sich doch bitte mal vor, in Ihrem Heimatort würden jedes Jahr hunderttausende von Touristen einfallen und die Restaurants, Supermärkte, Bäckereien usw. belagern. Wie würde es Ihnen dabei gehen?

Okay, die Menschen in den Urlaubsländern sind es nicht anders gewohnt. Die leben ja auch von uns Touristen.

Aber mögen, nein mögen werden sie uns wohl niemals. Gut, den einen oder anderen vielleicht schon. Es gibt ja auch oft nette und freundliche Gäste. Es gibt die Stammgäste, die jedes Jahr wiederkommen. Da kennt man auch die verschiedenen Einheimischen etwas näher. Da entsteht vielleicht sogar eine Art von Sympathie. Also auch vom Einheimischen uns gegenüber.

Auf der anderen Seite ist es natürlich auch immer wieder erschreckend, zu sehen, wie Mitarbeiter von Restaurants oder Hotels mit uns Gästen umgehen. Entweder die haben es nicht nötig, uns freundlich zu behandeln oder die haben einfach die Nase voll von uns Touristen. Na klar, vergessen die auch manchmal, wer sozusagen für ihren Lebensunterhalt sorgt.

Auch hier stellt sich wieder eine wichtige Frage:

Wer war zuerst da? Der unfreundliche, überhebliche Tourist? Oder der unfreundliche und gelangweilte Kellner?

Wie sollen wir das beantworten?

Ähnlich ist es ja auch mit der Frage nach dem Ei und dem Huhn. Wer oder was war zuerst da?

Es ist müßig darüber nachzudenken oder zu philosophieren. Es ist letztlich auch egal.

Für uns ist nur eines wichtig, nämlich was können wir dazu beitragen, dass wir in jedem Land gern gesehene Gäste sind?

Verstehen Sie mich bitte nicht falsch. Das hat jetzt nicht mit „dem anderen hinten rein kriechen" zu tun. Das ist nicht gemeint. Vielmehr möchte ich noch einmal auf den Satz von vorhin zurückkommen: Behandle Deinen Gegenüber so, wie Du auch gern behandelt werden möchtest.

Wenn wir uns diesen Satz immer wieder vor Augen führen, dann gelingt es uns bestimmt immer öfter, den Neandertaler zuhause zu lassen und für eine harmonische Atmosphäre zu sorgen. Das gilt übrigens nicht nur im Urlaub. Das gilt überall und zu jeder Zeit.

Das ist doch mal eine schöne Herausforderung, oder?

Ich würde Ihnen gern an dieser Stelle ein „Werkzeug" mit an die Hand geben, das Ihnen helfen wird, solche Ziele einfacher in die Tat umzusetzen.

Dazu habe ich aber vorab eine Frage an Sie. Beziehungsweise, stellen Sie sich bitte einmal folgende Situation vor:

Sie machen eine Kreuzfahrt. Das ist ja eine Art und Weise, seinen Urlaub zu verbringen, die immer mehr Nachfrage erfährt. Sie sind also auf Ihrem Kreuzfahrtschiff und haben den ersten Tag hinter sich gebracht.

Sie haben erst mal das Schiff erkundet und lassen die vielen Eindrücke auf sich wirken. Sie sitzen in Ihrer Außenkabine, genießen den Blick auf das unendliche Meer und bereiten sich so langsam vor, zum Abendessen zu gehen.

Jetzt ist es ja bei manchen Kreuzfahrten so, dass man einen Tisch zugewiesen bekommt, der für die ganze Reise reserviert ist. Dieser Tisch ist nur leider nicht für uns alleine, sondern es befinden sich noch vier weitere Plätze an diesem Tisch. Das heißt also für uns, dass wir auf wildfremde Menschen treffen werden und mit denen gemeinsam den Abend, bzw. das Essen verbringen müssen.

Kommen wir zu der Frage, die ich stellen wollte:

Was würden Sie sagen, ist für ein harmonisches Miteinander mit diesen anderen Gästen am Tisch, wichtiger? Dass wir den Gästen sympathisch sind oder das uns die anderen sympathisch sind? Was ist wichtiger?

Sie sagen, beides ist wichtig? Mag sein. Die Frage war allerdings, was ist wichtiger? Und wichtiger kann ja immer nur eins sein. Also, was würden Sie sagen? Ist es wichtiger, dass wir den anderen sympathisch sind oder ist es wichtiger, dass die anderen Gäste uns sympathisch sind?

Das ist übrigens eine klassische Frage aus dem Verkaufstraining. Dort lautet sie: Was ist für den Erfolg eines Verkäufers wichtiger? Dass der Kunde dem Verkäufer sympathisch ist oder dass der Verkäufer dem Kunden sympathisch ist?

Was denken Sie, wie die meisten Teilnehmer geantwortet haben?

Richtig, die meisten haben gesagt, dass es wichtiger ist, dass der Verkäufer dem Kunden sympathisch ist, weil es dann leichter wäre Geschäfte zu machen.
Also wäre das in unserem Fall, dass wir den anderen Gästen sympathisch sind.

Allein über dieses Thema sind ja schon sehr sehr viele Bücher geschrieben worden. Und in diesen Büchern steht dann meistens so ein altes Rezept drin. Dieses Rezept lautet:

„Mach Du Dich, als Verkäufer, Deinem Kunden sympathisch und Du wirst erfolgreich sein."

Das haben wir vielleicht alle schon mal gehört. Wie geht es uns denn eigentlich, wenn auf uns ein Mensch zukommt, der uns unbedingt sympathisch sein möchte? Sind wir dann aufgeschlossen oder eher verschlossen? Wahrscheinlich eher verschlossen, weil das Ganze sehr schnell anbiedernd oder aufdringlich wirken kann.

Wir haben ja gesagt, das sind alte Rezepte und wir haben ja vorhin schon mal gesagt, dass es unsere eigenen Vorstellungen sind, die unser Verhalten bestimmen. Und solch eine wirkungsvolle Vorstellung heißt:

„Stell' Du Dir, als Verkäufer, Deinen Gegenüber sympathisch vor und Du brauchst Dir keine Gedanken zu machen, ob Du ihm auch sympathisch bist, denn Du bist es automatisch."

Sind wir denn grundsätzlich in der Lage, uns jeden Menschen sympathisch vorzustellen? Geht das?

Ja, das ist machbar. Obwohl ich mir vorstellen kann, dass Sie gerade an irgendeine Person denken, bei der Sie sagen: Nein, den kann ich mir einfach nicht sympathisch vorstellen. Keine Chance. Das ist so ein „Ekel", den kann und will ich mir einfach nicht sympathisch vorstellen.

Okay, dann nehmen wir mal dieses „Ekel". Wenn dieser Mensch verheiratet ist, wird dann nicht sein Ehepartner irgendetwas Liebenswertes an dieser Person gefunden haben? Also unabhängig vom Geld. Wenn er oder sie einen tollen Job hat, wird dann nicht irgendwer an dieser Person etwas Tolles gesehen haben, denn sonst wäre diese Person ja nicht in dieser Position.

Merken Sie, worauf ich hinaus möchte?

Gehen wir gedanklich noch mal zurück an den Tisch auf unserem Kreuzfahrtschiff. Wir gehen auf den Tisch zu, sehen dort zwei Menschen sitzen, eine Dame und einen Herrn. Der Mann ist uns auf den ersten Blick unsympathisch. Aus welchem Grund auch immer. Da reicht ein komischer Blick, eine bestimmte Körperhaltung, seine Frisur oder sein Aussehen generell. Wir mögen ihn nicht. Wonach sucht Ihr Unterbewusstsein jetzt?

Nach Punkten, die dem ersten Eindruck widersprechen oder nach Punkten, die den ersten Eindruck bestätigen?

Ganz klar nach Punkten, die den ersten Eindruck bestätigen. Warum ist das so? Unser Unterbewusstsein reagiert wie ein Impulszähler. Es addiert positive oder negative Punkte, wobei der erste Impuls, egal ob positiv oder negativ, immer gleiche Impulse nach sich zieht.

Das ist das so genannte **„Eisberggesetz"**.

Das heißt, Ihr Unterbewusstsein sucht jetzt automatisch nach weiteren negativen Impulsen und schon steht das so genannte Vorurteil fest. Wir mögen ihn nicht. Ein blöder Kerl. Mit dem müssen wir auch noch den ganzen Abend und die auch die nächsten Abende verbringen. Na toll. Da kommt Freude auf.

Wir reden aber hier vom Unterbewusstsein. Das Bewusstsein reagiert eventuell ganz anders. Das sagt sich vielleicht. Ach komm, gib dem anderen eine Chance. Vielleicht ist der ja ganz okay. Lern ihn doch erst mal kennen.

Diese ganze Systematik ist aber leider auf der anderen Seite auch die Gefahr für uns Menschen. Warum?

Wir begegnen einem anderen Menschen, haben weder miteinander gesprochen, noch haben wir uns in irgendeiner Form berührt, schon werden bereits die ersten Impulse ausgetauscht. Und zwar im Unterbewusstsein. Dort werden positive oder negative Impulse ausgetauscht, wobei der erste Impuls immer gleiche Impulse nach sich zieht.

Wie gerade erwähnt, Sie merken bei welchem wichtigen Punkt wir wieder angekommen sind?

Vorstellungen bestimmen unser Verhalten!

Und darauf bezogen können wir auch die Frage beantworten, die uns eigentlich an dieses Thema geführt hat: Was ist wichtiger? Dass wir den anderen Gästen sympathisch sind oder dass uns die anderen sympathisch sind? Und es gibt nur eine richtige Antwort unter der Überschrift:

Wer sollte wem sympathisch sein? Der Andere mir!

Das heißt, wir nutzen die Kraft unserer Vorstellungen, stellen uns den anderen sympathisch vor. Er spürt, dass wir ihn mögen, er öffnet sich und schon kann ein Wechselspiel der Sympathie sattfinden. Ist das nicht eine wunderbare Sache?

Das heißt mit anderen Worten, wir haben es nicht nötig, uns anderen sympathisch machen zu müssen, sondern wir haben die Kraft unserer Vorstellungen.

Die wichtige Frage hierbei ist nämlich die:
Können wir eigentlich jedem Menschen sympathisch sein? Geht das? Ich denke nicht.

Können wir uns jeden Menschen sympathisch vorstellen? Ja, das geht.

Okay, bis auf dieses so genannte „Ekel".

Wobei? Ist es nicht so, dass wir Menschen im Laufe unseres Lebens immer wieder mit dem einen oder anderen „Ekel" zu tun haben? Sei es im Beruf, sei es in der Familie oder sei es im erweiterten Freundeskreis. Oder natürlich auch im Urlaub oder auf dem Weg dorthin. Siehe Warteschlange, Flugzeug oder Personal allgemein. Es gibt doch immer einen, den man nicht leiden kann.

Nur gibt es natürlich auch Situationen im Leben, da kommen wir nicht drum herum mit diesen Menschen zu reden.

Gerade im beruflichen Miteinander können wir ja nicht einfach sagen: Mit dem rede ich nicht mehr. Der ist doof. Und genau da hilft dieses Werkzeug wunderbar weiter. Probieren Sie es mal aus. Sie werden überrascht sein, welchen persönlichen Nutzen Sie daraus erhalten.

Wenn wir das also so konkret umsetzen, dann werden auch die nächsten Abende auf dem Kreuzfahrtschiff sehr angenehme und harmonische werden.

Wobei ich vor kurzem von einem Freund gehört habe, dass er nie wieder auf solch ein Kreuzfahrtschiff gehen will. Warum? Was war passiert?

Er hatte das „Vergnügen", dass er 10 seiner geplanten 14 Tage Urlaub in seiner Kabine verbringen musste, weil an Board ein sehr aggressiver Magendarmvirus umging. Teilweise wurde sogar eine offizielle Quarantäne verhängt.

Da gibt man richtig viel Geld für eine schöne Reise aus und kann sie nicht genießen. Das kann einen natürlichen bei jedem anderen Urlaub auch treffen, das ist klar. Gerade wenn man in exotische Regionen reist, ist das immer eine Gefahr.

Auf einem solchen Kreuzfahrtschiff ist man nur irgendwie gefangen. Im Hotel oder im Appartement kann man sich ganz anders bewegen, als auf einem Schiff.

Auf der anderen Seite ist ein Urlaub auf einem Schiff aber auch etwas sehr Feines. Speziell, wenn man die Möglichkeit hat, eine Woche auf einer Motoryacht zu verbringen. Sind Sie schon mal in diesen Genuss gekommen?

Das ist schon ein ganz anderer Urlaub.

Wir hatten glücklicherweise des Öfteren die Gelegenheit mit Freuden eben genau diesen Urlaub auf deren Schiff zu verbringen. Und ich kann Ihnen eines sagen. Man will danach erst mal nichts Anderes mehr machen. Wieso? Wo soll ich anfangen?

Das ganze Ambiente einer schönen Motoryacht, die im Hafen zwischen anderen schicken Booten liegt, das allein ist schon mal ein toller Eindruck. Dann das Gefühl auf diesem Schiff zu wohnen, zu schlafen und zu kochen, hat etwas von Abenteuerurlaub mit einem gewissen Luxus. Wenn dann noch die Motoren angelassen werden und Sie hören so ein schönes sonores Grummeln und Donnern, ja dann wissen Sie, es geht gleich los. Und zwar los in eine ganz andere Welt.

Wir hatten jedes Mal im Nachhinein immer das Gefühl der totalen Erholung. Diese Tage auf dem offenen Meer, in verschiedenen Buchten geankert, die Meeresluft wirklich hautnah zu erleben, das war schon ein einzigartiger Urlaub.

Sind Sie auch schon mal in diesen Genuss gekommen? Ich kann es Ihnen nur empfehlen, wenn Sie irgendwie die Möglichkeiten haben, nehmen Sie sie wahr. Entweder bei Freunden oder mal mit Freunden solch ein Boot samt Kapitän zu chartern. Sie werden es so schnell nicht vergessen.

Apropos so schnell nicht vergessen. Neben den ganzen positiven Eindrücken und ausgezeichneten Erlebnissen, hatten wir leider auch eine brenzlige Situation zu überstehen. Ich möchte Ihnen keine Angst machen, aber man sollte sich im Vorfeld auch immer mit den Gefahren auseinandersetzen, die auf einen zukommen können.

Also, dass man schwimmen kann ist schon mal eine wichtige Voraussetzung. Das man nicht so leicht Seekrank wird, wäre auch nicht so verkehrt. Man sollte sich aber auch im Klaren sein, dass man auch mal in ein Unwetter oder sogar in Seenot geraten kann. Okay, ganz so schlimm war es bei uns nicht, aber für uns Leien war das schon sehr nah dran. Was war passiert?

Wir waren einige Tage in einer sehr schönen Bucht und haben dort die Zeit sehr genossen. Aber irgendwann mussten wir zurück Richtung Hafen. Die Vorräte mussten aufgefüllt werden. Das Trinkwasser und auch das Benzin gingen langsam zur Neige.

Also gesagt getan. Wir kamen die ersten Seemeilen sehr gut voran. Das Wetter war prima. Es war sonnig und warm.

Je weiter wir jedoch aus unserer so schönen Bucht wegfuhren, desto schlechter wurde das Wetter. Und natürlich war es so, dass genau in die Richtung, in die wir fahren mussten, es sich immer mehr verdunkelte. Wir saßen zuerst auf dem Oberdeck und beobachteten den Kapitän bei seiner Arbeit. Na gut und wir genossen generell die schöne Aussicht.

Auf einmal wurde es gefühlte 10 Grad kälter, es setzte sehr starker Wind ein, der immer heftiger wurde, so dass sogar das Sonnensegel aus der Verankerung gerissen wurde. Was blieb uns übrig, als das Nötigste zusammenzupacken und in das Innere des Schiffes zu gehen, um zumindest vor Wind und Wetter sicher zu sein.

Der Kapitän entschied sich in eine kleine Bucht zu steuern, da der Wellengang langsam Ausmaße annahm, die schon beängstigend waren. Vor uns war ein kleines Segelboot zu sehen, dass anscheinend die gleiche Idee hatte.

Wobei zu sehen hier leicht übertrieben ist. Dieses Segelboot lag so schräg im Wind, dass man es zwischen den hohen Wellen kaum noch erkennen konnte und das Gefühl hatte, jetzt kentert es gleich.

Glücklicherweise schaffte es auch dieses Boot in die etwas windgeschützte Bucht.

Dort angekommen hat es immer noch ganz schön gewackelt und geschaukelt. Aber kein Vergleich zum offenen Meer. Wer von Ihnen schon mal auf solchen Schiffen unterwegs war, der weiß mit Sicherheit, dass man in diesen Situationen nicht unter Deck gehen sollte. Warum nicht?

Der Gleichgewichtssinn ist ja eh schon sehr strapaziert. Sobald man dann unter Deck geht und keinen Blick mehr auf die Außenwelt hat, kann es ganz schnell vorbei sein. Dann wird auch derjenige Seekrank, der damit sonst keine Schwierigkeiten hatte. Genau so erging es mir. Ich war der Depp, der unbedingt unter Deck musste, weil er irgendetwas holen wollte und dafür dann die Quittung bekam.

Das sah dann so aus, dass ich mich ganz schnell auf dem Fußboden des hinteren Sonnendecks wiedergefunden habe, eine Schüssel in den Armen und – nah ja den Rest können Sie sich sicher denken. Wir wollen da jetzt nicht zu sehr ins Detail gehen.

Aber die Situation ging wie folgt weiter. Das interessiert Sie doch bestimmt, oder? Sie wollen doch wissen, wie wir aus dieser misslichen Lage herausgekommen sind, oder?

Unser „Kapitän", ein sehr erfahrener Bootsführer, entschied sich weiterzufahren. Aber ich weiß gar nicht, ob man da von Fahren sprechen kann. Ich saß ja wie gesagt, abgeschottet draußen, allein mit meiner Schüssel und dem Blick auf die tosende See. Im Innenraum versuchten fünf andere Passagiere verzweifelt die Dinge festzuhalten oder zu verstauen, die drohten durch die Gegend zu fliegen. Was aber gar nicht so einfach war, denn es ging wirklich von oben nach unten und von links nach rechts usw. Der Kapitän war nicht zu beneiden. Meine arme Frau übrigens auch nicht. Sie hat in solchen Situationen sehr schnell panische Anfälle. Aber ich weiß nicht woran es lag, sie war relativ entspannt. Also äußerlich zumindest.

Und ja, die anderen Anwesenden waren auch nicht zu beneiden. Die hatten allerdings einen kleinen Vorteil. Die hatten alle ähnliche Situationen schon mal erlebt. Das macht natürlich viel aus.

Zurück zu unserem ausgezeichneten Kapitän. Ich weiß nicht, wie er es geschafft hat und was er genau gemacht hat? Ob er das Boot in die Wellen oder entlang der Wellen gesteuert hat oder was auch immer. Aber nach einer gefühlten Ewigkeit und es waren wohl gerade mal ca. 30 Minuten, kamen wir dann wohlbehalten im Hafen an. Also mehr oder weniger. Das Sonnensegel hatte sich verabschiedet und meine gesunde Gesichtsfarbe auch.

Aber das ist alles gar nicht wichtig. Entscheidend war, dass wir alle heil und gesund im Hafen ankamen und froh sein konnten, dass unser Kapitän uns so gut wieder nach Hause gebracht hat. Dafür an dieser Stelle nochmal herzlichen Dank.

Was glauben Sie, wo meine ersten Schritte hingingen? Nein, nicht auf die Toilette. Das war ja alles erledigt. Erst mal von dem Schiff runter, auf den Pier und einfach nur auf festen Untergrund gehen, bzw. erst mal auf den harten, festen und nicht wackelnden Boden setzen. Das war schön. Da bin ich dann auch erst mal eine Weile sitzen geblieben und habe mir die ganze Sache noch einmal durch den Kopf gehen lassen. Aber nicht so wie auf dem Schiff, Sie wissen schon was ich meine. So viel zum Thema Abenteuer. Das war auf jeden Fall ein sehr großes.

Warum erzähle ich Ihnen diese Geschichte? Weil mir danach erst mal wieder bewusst wurde, wie schnell ein Leben doch auch vorbei sein kann.

Was hat das jetzt mit unserem eigentlichen Thema, nämlich Urlaub, zu tun?

Das sage ich Ihnen gern. Ein Großteil von uns Menschen weiß glaube ich gar nicht zu schätzen, wie gut es ihnen geht. Da wird gemeckert und gejammert, was das Zeug hält. Der Frust ist groß.

Über alles und jeden wird hergezogen, sich aufgeregt und negative Stimmung verbreitet. Und was bringt es uns? Nichts. Ganz im Gegenteil. Dieser ganze Frust, dieser ganze Ärger, trägt doch nur dazu bei, dass wir uns mit unserer Familie, mit unserem Partner oder mit unseren Freunden nur noch über negative Dinge unterhalten. Und je älter wir werden, desto mehr kommt das Thema Krankheiten zu tage. Schlimm. Sehr schlimm.

Wir hatten ja zu Beginn schon einmal das wichtige Thema: **Warum freue ich mich?**

Genau darum geht es doch. Sich zu freuen. Speziell im Urlaub sollte das doch unser höchstes Ziel sein. Freude und Spaß zu haben. Aber was machen wir? Wir ärgern uns.
Wir ärgern uns über das zu kleine Zimmer. Über den schlechten Service im Restaurant. Wir ärgern uns, wenn das Zimmer nicht ordentlich geputzt wird oder der Pool dreckig ist. Wir ärgern uns über Lärm von der Terrasse, wenn wir eigentlich schlafen wollen. Wir ärgern uns über Kinder, die im Zimmer über uns toben und hin und her springen. Wir ärgern uns über die völlig überzogenen Preise an der Hotelbar, den zu teuren Mietwagen, die Warteschlange am Flughafen, die anderen Mitreisenden im Flugzeug. Soll ich noch weitermachen?

Wir sehen, ärgern fällt uns leicht. Da fallen uns tausend Gründe ein. Aber sich zu freuen. Also sich bewusst über etwas zu freuen, dass fällt vielen von uns sehr schwer. Warum auch freuen? Der Ärger nimmt doch eh gleich wieder überhand. Also warum soll ich mich da jetzt über irgendetwas Bestimmtes freuen?

Und genau diese Einstellung hilft uns nicht und ich betone, sie hilft uns nicht, glücklich zu sein. Glücklich mit der augenblicklichen Situation. Glücklich mit unserem Partner, der Familie oder den Freunden.
Ganz im Gegenteil. Sie hindert uns daran. Sie blockiert die positiven Gedanken. Das Lächeln.

Wenn wir unzufrieden oder frustriert sind, dann ist das vielleicht im ersten Moment menschlich. Viele sagen, das ist doch ganz normal. Wir können ja auch nicht immer nur mit einem Lächeln durch die Welt gehen. Das mag sein. Aber immer mit einem griesgrämigen Gesicht oder mit lauter Sorgenfalten durch die Welt zu gehen, bringt uns doch auch nicht weiter.

Sie hatten ja hoffentlich zu Beginn die Übung gemacht, bei der Sie drei Gründe aufgeschrieben haben, warum Sie sich freuen, oder?

Haben Sie vorhin nicht gemacht? Dann aber schnell. Stift und Papier zur Hand nehmen, Überschrift „Warum freue ich mich?" aufschreiben und dann mal nur drei Gründe aufschreiben.

Warum das so wichtig für uns ist, haben wir ja ausführlich besprochen. Allerdings hilft Ihnen diese positive Grundeinstellung noch aus einem anderen Blickwinkel heraus. Wieso?

Es gibt Menschen, die werden so sehr von ihrem Alltag bestimmt, die stehen so dermaßen unter Stress, dass sie, wenn sie die ersten Tage im Urlaub sind, als erstes einmal krank werden. Da kann man die Uhr nach stellen. Gestern noch gearbeitet, heute im Urlaub, krank.

Kennen Sie das von sich oder von anderen Menschen auch? Ihnen passiert so etwas nicht? Sie sind ein sehr ausgeglichener Mensch? Glückwunsch. Dann sind Sie einer der wenigen, die ich kenne, denen es so geht.

Ich will übrigens an dieser Stelle nicht auf das neumodische Thema Burnout hinaus. Das ist ein Fall für sich.

Aber schauen Sie doch mal bei Ihrer nächsten Reise in die Gesichter der anderen Menschen. Schauen Sie mal ganz genau hin. Ist da Freude im Gesicht? Oder ist da alles andere zu sehen, nur keine Freude? Testen Sie es mal. Übrigens können Sie das auch gern bei sich selbst testen. Es genügt ein einziger Blick in den Spiegel. Oder machen Sie es lieber nicht. Vielleicht erschrecken Sie sich nur, wenn Sie merken, dass Ihnen nicht gerade die Sonne aus dem Gesicht strahlt.

Es gab mal Zeiten, da viel uns allen das leicht. Wenn wir wussten, es geht in den Urlaub, da waren wir schon Tage vorher völlig aufgekratzt und voller Vorfreude. Zu welchem Zeitpunkt war das?

Richtig, als wir Kinder waren. Haben Sie selbst Kinder? Dann wissen Sie wovon ich rede.

Wenn Sie keine haben, dann schauen Sie doch einfach mal, was die Kinder am Flughafen oder im Hotel für Gesichter machen und wie die Eltern dreinblicken.

Jetzt höre ich Sie schon wieder sagen: Ja das ist doch klar. Als Kind hat man noch keine Sorgen, da ist man ganz frei und unbefangen. Da haben Sie Recht. Das ist so.
Und warum nehmen wir uns das Verhalten von Kindern nicht als Vorbild? Was können wir von Kindern lernen?

Kinder sind unbefangen. Sie sind neugierig, wollen alles entdecken und erkunden. Sie wollen spielen und Spaß haben.

Na da haben wir doch schon unsere Antwort. Genau das können wir von Kindern lernen. Immer wird gesagt, dass die Erwachsenen ein Vorbild für den Nachwuchs sein sollen. Das ist auch wichtig. Die sollen ja auch von uns lernen. Aber sollen die von uns lernen, wie man unglücklich, unzufrieden oder frustriert ist?

Nein, natürlich nicht. Und wer sagt, dass wir nicht auch von Kindern viele Sachen lernen können? Wir müssen nur mal etwas genauer hinschauen, dann entdecken wir auch etwas.

Es gibt so viele einfache, fast schon banale Dinge, die wir Erwachsenen von Kindern lernen können. Zum Beispiel waren wir mal an einem Strand, über den in geringer Entfernung und in regelmäßigen Abständen Flugzeuge hinweggeflogen sind. Neben uns lag eine Familie mit zwei kleinen Kindern. Geschätzt ca. 4 – 5 Jahre alt. Das eine Kind sah zum Himmel und fragte den Vater: *„Papa, warum können Flugzeuge eigentlich fliegen?"*

Wie reagierte der Vater? Er sagte nur recht kurz angebunden: *„Hör' mir auf mir den Flugzeugen, der Lärm geht mir ganz schön auf die Nerven."*

Was soll das arme Kind jetzt von seinem Vater lernen? Wie man auf konkrete Fragen eine unpassende Antwort gibt? Oder wie negativ doch alles ist?
Und wieso können Flugzeuge überhaupt fliegen? Wann bekommt das Kind eine Antwort? Wer weiß. Wenn es Pech hat, gar nicht.

Wie hätte der Vater reagieren können? Er hätte ja auch sagen können: *„Das ist eine berechtigte Frage mein Kind, lass mich das einmal so erklären..."*

Und das ist nur ein Beispiel von vielen, die wir tagtäglich beobachten können. Und das ist leider das traurige oder erschreckende daran. Wir lernen nicht.

Wie oft habe ich Teilnehmer in meinen Trainings, die am ersten Tag auf die Frage: *„Wer von Ihnen ist heute hier gekommen, um für sich persönlich etwas zu lernen?"* antworten: Ja ich. Also alle sagen ja. Wenn es aber im Laufe des Trainings darum geht, in der Praxis neue Werkzeuge auszuprobieren, neue Wege zu gehen, dann heißt es ganz schnell:

„Nein, das geht so nicht. Das kann man so nicht machen."

Wie sollen wir wissen, ob etwas funktioniert oder erfolgreich ist, wenn wir von vornherein sagen, das geht so nicht, das kann man so nicht machen. Wie soll das gehen?

Meine Frage an die Teilnehmer lautet dann nur:
„Haben Sie es denn in dieser Form schon einmal ausprobiert?"
Welche Antwort bekomme ich dann meistens?
„Nein. Aber das kann man so nicht machen, weil…"

Meine Reaktion: *„Dann probieren Sie es aus und dann können wir danach über Ihre Erfahrungen sprechen."*

Freuen sich die Teilnehmer darüber? Nein. Warum nicht?

Sie müssen etwas aus ihrer Sicht Unangenehmes machen. Sie verbinden es automatisch mit negativen Impulsen, obwohl sie keinerlei Erfahrungen damit gemacht haben.

Warum sind wir Menschen oftmals so eingestellt, dass wir sofort überlegen, warum etwas nicht geht, anstatt darüber nachzudenken, welchen Nutzen es uns bringen könnte, wenn wir mal einen ganz anderen Weg einschlagen?

Ist das leichter? Ist es bequemer?

Die wichtige Erkenntnis zeigt sich dann ein paar Trainingstage später, wenn die Teilnehmer von ihren Praxiserfahrungen berichten, dass sie auf einmal sagen, ja das hat sogar funktioniert. Hätte ich vorher nicht gedacht.

Und genauso ist es doch mit vielen Dingen unseres Lebens. Wenn wir nicht mal über unseren eigenen Schatten springen, das heißt auch mal aus den eingefleischten Gewohnheiten herausgehen, wie wollen wir dann einen Schritt weiterkommen? Wie wollen wir uns persönlich weiterentwickeln oder wie wollen wir etwas dazu lernen?

Das kann doch gar nicht funktionieren.

Über den eigenen Schatten springen ist übrigens ein sehr schönes Stichwort.
Wann sind Sie denn eigentlich das letzte Mal über Ihren Schatten gesprungen? Wann haben Sie ganz bewusst einen Schattensprung gemacht?
Und ich rede nicht von einem Seitensprung. Schattensprung ist hier gemeint. Wann war das?

Keine Ahnung? Vielleicht sollten wir uns erst mal dem Begriff Schattensprung mit einer klaren Definition nähern. Was heißt das denn konkret?

„Ein Schattensprung heißt, etwas zu tun, was man schon längst hätte tun sollen, aber trotzdem vor sich herschiebt, obwohl man weiß, dass es einen weiterbringen könnte."

Und die konkrete Aufgabe für meine Trainingsteilnehmer lautet:
„Tun Sie bewusst etwas Positives, dass Sie erstens während der letzten fünf Jahre nie getan haben, dass Sie zweitens eine gewisse Überwindung kostet und das drittens, wenn es gelingt, Sie in Ihrer Wirkung auf den oder die betroffenen Menschen ein gutes Stück vorwärts bringt."

Ich sage bewusst, tun Sie etwas Positives, weil ich schon mal vor Jahren den Fall hatte, dass ein Teilnehmer nach vorn kam und sagte:

"Ich bin über meinen Schatten gesprungen – ich habe mich scheiden gelassen!"

Sie können sich vielleicht vorstellen, wie wir alle im ersten Moment geguckt haben. Er sagte dann aber sofort: *"Keine Angst, für mich, bzw. für uns beide war es etwas Positives. Wir leben schon länger getrennt und haben es jetzt eben amtlich gemacht."*

Auch das kann ein Schattensprung sein. Wenn Sie mal in sich gehen, was wäre denn für Sie persönlich ein Schattensprung? Woran denken Sie dabei?

Wenn Ihnen spontan nichts einfällt, fragen Sie doch mal Ihren Partner. Ich bin mir sicher, dass er oder sie sofort etwas weiß, was für Sie ein Schattensprung wäre.

Bei diesem Thema sind zwei Punkte für uns ganz besonders wichtig:

Schattensprung: Mut zur Blamage!

Schattensprung als Chance!

Wenn wir uns unter diesen Blickwinkeln dem Thema nähern, dann kann doch nur etwas Positives dabei herauskommen. Also denken Sie mal darüber nach und springen Sie, wenn Sie etwas entdeckt haben.

Aber auch hier gehört natürlich wieder Ihre Bereitschaft zu, es auch tun zu wollen. Nur darüber zu sprechen oder es zu lesen, nützt nichts. Wir müssen es auch tun.

Passend dazu verhält es sich doch auch mit unseren Urlaubssituationen. Wir hatten vorhin das Thema angesprochen, dass es viele Menschen gibt, die in den ersten Tagen ihres Urlaubs krank werden.

Woran liegt das sehr häufig? Der „Motor" Mensch läuft jeden Tag auf Hochtouren. Bei der Arbeit werden jeden Tag mindestens 100% gegeben. Zu Hause lässt der Stress nicht nach. Da sind der Partner und die Kinder und eventuell noch der Hund, die alle Beachtung finden müssen. Dann gibt es ja auch noch Freunde und Familie, die wir auch nicht vernachlässigen dürfen. Also immer volle Power auf Neudeutsch.

Jetzt kommt der Tag der Urlaubsreise. Bis gestern noch gearbeitet, nebenbei die Urlaubsvorbereitungen erledigt, Koffer gepackt, usw. Nach der für viele Menschen ebenfalls stressigen Anreise haben wir es geschafft, wir sind angekommen, können erst mal runterfahren und uns an den Pool oder an den Strand legen.

Und genau in diesem Moment passiert es. Der Körper denkt: Was ist denn hier los? Keine Action mehr? Kein Stress?

Alles so ruhig? Das kenne ich so ja gar nicht. Und schon fängt er an zu rebellieren. Sei es mit dem Kreislauf, mit einer Erkältung oder mit irgendwelchen anderen unangenehmen Dingen.

Was können wir daraus mitnehmen? Für uns etwas ganz Wichtiges. Der Körper sendet uns Signale. Die sendet er uns auch schon während unseres stressigen Alltags. Aber keiner hört darauf.

Da ist so ein leichtes Stechen in der linken Brustpartie oder der Rücken, der mal wieder streikt. Aber egal, ich muss ja schließlich die PowerPoint Präsentation noch vorbereiten, das Meeting noch inhaltlich strukturieren oder was auch immer. Mit dem Partner ins Kino gehen oder abends mal lecker Essen gehen, das kann man später ja auch noch machen. Die nächsten Abende gehören es mal PowerPoint.

Kennen Sie irgendwoher? Kann ich auch sehr gut nachempfinden. Warum schalten wir nicht mal einen Gang zurück. Im Sinne von, das Leben mehr zu genießen.

Was haben wir davon, wenn wir bis zur Rente schuften wie ein irrer, um dann die Zeit danach nicht mehr nutzen können.

Wie oft habe ich schon von Menschen gehört, die ihr Leben lang hart gearbeitet haben, nie wirklich krank waren und auf einmal, als die Rentenzeit in Anspruch genommen wird, krank und gebrechlich werden.

Was ist dort passiert? Genau das, was wir gerade beschrieben haben und vielleicht noch etwas mehr. Denn oftmals fallen diese Menschen regelrecht in ein Loch. Bei ihrer Arbeit wurden sie gebraucht, gefordert und waren immer fest eingespannt. Für Hobbys oder Sport blieb da wenig bis gar keine Zeit.

Und jetzt, wo die Zeit auf einmal da wäre, wissen viele Menschen nichts mit sich anzufangen. Da wird der Tag zuhause im Fernsehsessel verbracht. Ich habe ja schließlich mein ganzes Leben hart gearbeitet, dann kann ich es ja jetzt auch mal etwas ruhiger angehen lassen.

Das sei Ihnen ja auch gegönnt. Die Gefahr dabei ist nur die, dass sich das wie ein Hamsterrad vor Ihnen aufbaut, aus dem man irgendwann nicht mehr herauskommt.

Und mit dem Urlaub verhält sich das doch ähnlich. Auf einmal ist er da, der wohlverdiente Urlaub. Und was passiert? Wir wissen erst mal gar nicht so recht, was wir mit uns anfangen sollen. Gott sei Dank gibt es ja heutzutage die kleinen Computer, die man überall mithinnehmen kann. Smartphones, Laptops oder Tablets.

Gut dass es euch gibt. Was würde ich nur ohne euch machen. Diese Alleskönner erhalten mich am Leben. Ich kann ins Internet gehen. Erst mal ein bisschen surfen.

Dass man übrigens auch im offenen Meer wunderbar surfen kann, dass vergessen die meisten. Aber hey, Hauptsache ich kann Emails lesen und beantworten, SMS und MMS verschicken. Die neuesten Urlaubsschnappschüsse direkt im Netz posten. Ganz toll.

Wir waren vor kurzer Zeit in Paris und haben mit Freunden die Stadt und deren Sehenswürdigkeiten besichtigt. Was ist uns dabei aufgefallen? Also außer, das Paris unheimlich teuer ist? Die Leute haben gar keine Fotoapparate mehr. Die knipsen alles nur noch mit ihren Handys. Oder noch besser, die stehen vor dem Eiffelturm mit Ihrem Tablet Computer und fotografieren alles damit. Sind wir doch mal ehrlich. Sieht das nicht bescheuert aus?

Soll doch jeder so machen wie er möchte? Na klar.

Aber wenn, wie schon eingangs erwähnt, jeder dritte im Restaurant, beim Frühstück oder im Café mit so einem Computer rumsitzt, muss man sich nicht wundern, wenn immer weniger miteinander gesprochen wird.

Vor kurzem lagen wir gemütlich am Strand von Palma de Mallorca. Die Sonne brannte wir verrückt. Wir haben es uns unter den Sonnenschirmen gemütlich gemacht, als meine Frau auf einmal zu mir sagte: *„Guck' Dir mal die vier Teenies dort an. Die tippen alle auf Ihren Handys rum."*

„Ist doch normal", war nur meine Aussage. Bis ich mal genauer hinschaute und sah, dass die sich gegenseitig geschrieben haben, obwohl sie nur ein paar Zentimeter auseinander saßen. Ist das nicht verrückt?

Kennen Sie? Ist für Sie nichts Neues?

Okay, aber erschreckend ist das doch schon, oder?

Wie sieht das denn bei Ihnen aus, wenn Sie gemeinsam in den Urlaub fahren? Wie groß ist der Anteil, bei dem Sie miteinander sprechen? Und wie groß ist der Anteil, wo jeder mit seinem Handy oder Tablet beschäftigt ist?

Und seien Sie bitte ehrlich mit sich selbst.

Und zu welchem Ergebnis sind Sie gekommen?

Erschreckend, oder? Na sage ich doch. Da muss man sich nicht wundern, wenn es zu Streitigkeiten kommt. Oder wenn der eine am anderen vorbeiredet. Das ist doch ganz klar.

Es gibt ja unterschiedliche Studien, wie lange es bestimmte Menschengruppen ohne ihre Handys aushalten würden. Da wurden Jugendliche, Studenten, Berufstätige und Rentner in den unterschiedlichsten Ländern befragt und beobachtet.

Auch hier wieder erschreckend, was dabei herausgekommen ist. Jugendliche können teilweise nicht mal einen Tag ohne ihr Handy auskommen. Die haben Angst, dass sie wichtige Dinge verpassen und nicht mehr mitreden können. Die kriegen sogar schon Schweißausbrüche, wenn sie Ihr Handy vor der Disko für die nächsten fünf Stunden abgeben sollen. Das geht gar nicht.

Ähnlich geht es den Studenten. Auch die sind auf ihre Handys angewiesen. Sie sind aber immerhin schon mal ein paar Tage ohne Handy klargekommen, ohne direkt einen Nervenzusammenbruch zu erleiden.

Na und die Berufstätigen? Die sagen ganz klar, dass es aus beruflicher Sicht gar nicht ohne geht.
Wenn sie privat unterwegs wären, sei das Handy aber nicht mehr so wichtig. Wer es glaubt.

Was haben die Menschen eigentlich vorher gemacht, ohne diese Handys? Also die Berufstätigen meine ich jetzt. Die ganzen wichtigen und weniger wichtigen Arbeitnehmer und Arbeitgeber.

Wie haben die nur überlebt? Kennen Sie noch die Telefonzellen? Blöde Frage, oder? Na klar kennen Sie die noch. Gibt es heutzutage überhaupt noch welche?

Wenn ja, dann sehen die auf jeden Fall nicht mehr so aus, wie früher. Ist vielleicht auch besser, denn schön waren die ja nicht wirklich.

Können Sie sich noch daran erinnern, wie das früher im Urlaub war? Also mit dem Telefonieren meine ich jetzt. Zu Zeiten, als es noch keine Handys gab.

Ich kann mich da noch sehr gut dran erinnern. Da gab es natürlich ähnliche Telefonzellen wie bei uns. Nicht in so einem hässlichen Gelb, aber ansonsten ähnlich. Ich weiß noch, als wäre es gestern, wie wir dann zu dieser Telefonzelle hingegangen sind, genügend Kleingeld dabei. Weil das ja immer durchlief, als wäre da ein Loch in der Geld Box. Rein in diese kleine, enge, nach allem möglichen stinkende Zelle. Das Wort Zelle kommt ja nicht von ungefähr.

Es war ja wirklich wie in einer Zelle. Und dann stand man da drin, draußen 40 Grad im Schatten. Im Inneren mindestens 50 Grad. Man versuchte seine Lieben zu erreichen und ist dabei fast eingegangen. Die Tür wurde geöffnet, damit wenigstens ein bisschen Luft hineinkam.

Das war aber auch nur kurzzeitig möglich, da der Lärm der Autos und Mopeds unerträglich war, sodass man sein eigenes Wort nicht mehr verstand.

So gesehen sind die Handys doch schon was Feines. Es ist dabei natürlich wie mit allen Dingen des Lebens, es kommt immer darauf an, wer sie bedient. Da sind wir wieder bei unserem Punkt:

Alles hat zwei Seiten!

Nicht dass wir uns falsch verstehen, ich möchte nicht sagen, dass früher alles besser oder leichter oder schöner war. Ganz im Gegenteil. Heute ist doch einiges einfacher, leichter oder schneller möglich. Aber eine Frage ist dabei berechtigt: Wer nutzt wann was und in welcher Form?

Werden diese ganzen Medien nur als Vorwand genutzt, um nicht mehr mit seinem Gegenüber reden zu müssen?

Oder werden sie als Ergänzung zu unserem normalen Miteinander genutzt? Dann wäre es ja gut. Wir sehen, alles hat zwei Seiten.

Wir haben bei einem unserer letzten Urlaube abends mit einem anderen Paar auf der Terrasse gesessen und uns über verschiedenste Dinge unterhalten. Unter anderem auch über das Hotel, den Ort, usw.

Irgendwann ist mir aufgefallen, dass diese beiden Menschen nur über negative Dinge gesprochen haben. Da war das ungenügende Frühstücksbuffet, die zu hohen Preise an der Poolbar, das unfreundliche Personal, die unzureichenden Hygienemöglichkeiten auf der Anlage und vieles mehr.

Bis ich irgendwann sagte: *"Sagt mal, warum freut Ihr Euch eigentlich?"*

Beide guckten mich ganz verdutzt an und sagten: *"Wieso freuen? Wir sprechen doch gerade darüber, was hier alles nicht stimmt."*

"Ja, das ist richtig. Da kann man ja auch mal ganz offen drüber reden. Die Frage ist nur, was nutzt es Euch?"

"Wir können mal unseren Frust loswerden."

"Und wie lange seid Ihr noch hier?"

"Noch 10 Tage."

"Und was wollt Ihr machen, um diese 10 Tage jetzt noch zu genießen?"

Was glauben Sie, was die beiden darauf geantwortet haben?

Erst mal nichts. Die waren völlig überfordert, aus Ihrer negativen Einbahnstraße herauszukommen.

Die hatten so viele negative Gedanken und Impulse im Kopf und im Unterbewusstsein, dass es Ihnen gar nicht möglich war, innerhalb kurzer Zeit die Gedanken umzuschwenken in positive Bereiche.

Ich habe sie dann gefragt:

„Wie ist denn Euer Zimmer hinsichtlich Geräumigkeit und Ruhe? Prima? Das ist doch schön."

„Und wie gefällt Euch der Pool mit all seinen Liegemöglichkeiten? Viel Schatten, damit man nicht nur in der prallen Sonne liegen muss? Das ist doch toll."

„Und wie geht es Euch gerade generell? Geht es Euch gut, seid Ihr gesund?"

„Ja, Gott sei Dank sind wir das. Es geht uns gut."

„Du hast ja Recht, so schlimm ist das ja alles gar nicht. Darauf trinken wir erst mal einen."

Gut, bei einem ist es dann nicht geblieben.

Eines wurde auch hierbei wieder deutlich. Es fällt uns Menschen immer sehr leicht über negative Sachen zu sprechen und uns da richtig reinzusteigern. Aber dort wieder herauszukommen, um auch die schönen, die positiven Sachen zu sehen, das fällt vielen von uns sehr schwer.

Natürlich sollten wir nicht alles so hinnehmen, wie es ist. Das ist damit natürlich nicht gemeint. Wenn Ihr Zimmer zur Straße liegt, Sie aber ein Zimmer zum Meer gebucht haben, dann sollten Sie das auf jeden Fall beanstanden. Um nur ein Beispiel zu nennen. Davon gibt es wahrscheinlich noch viele andere mehr, die Sie in den unterschiedlichsten Situationen auch schon erlebt haben. Dann sollten wir uns sofort bemerkbar machen. Die Frage ist dabei, wie ich mich bemerkbar mache?

Ich kann das so machen, wie dieser Geschäftsmann an der Hotelrezeption. Oder ich kann es auf eine freundliche, aber bestimmende Art und Weise machen, die meistens dazu führt, dass wir das bekommen, was wir wollen.

Wo wir gerade dieses Bild des aufgebrachten Hotelgastes noch mal ansprechen, eine Frage an Sie:
Wie verhalten Sie sich denn, wenn Sie etwas reklamieren?

Freundlich und bestimmt? Oder hauen Sie um sich, wie die Axt im Walde?

Kommt immer auf die Situation an? Das stimmt. Wie oft habe ich schon Menschen beobachtet, die wegen Kleinigkeiten aus der Haut gefahren sind. Die wurden teilweise richtig cholerisch.

Bei einem Wochenendaufenthalt in Berlin haben wir direkt zwei Beispiele erleben können. Und zwar zwei abschreckende Beispiele.

Im ersten Fall saßen wir abends beim Essen im Hotelrestaurant, als zwei Tische weiter ein Gast etwas lauter wurde. Was war passiert?
So wie wir es erkennen konnten, hatte der Kellner wohl versehentlich den falschen Wein gebracht. Als der richtige Wein am Tisch war und der Kellner den Gast probieren ließ, schmeckte er ihm anscheinend nicht, so dass er die Flasche zurückgehen ließ. Dann sagte der Gast noch so etwas, wie: *„Bei Ihnen funktioniert aber auch gar nichts."*

„Heute Morgen war der Kaffee kalt. Jetzt ist der Wein schlecht. Ein Saftladen ist das hier."

Ein klassisches Beispiel dafür, dass dieser Gast seinen Neandertaler nicht im Griff hatte. Denn auch hier stellt sich die Frage, was bringt es ihm wenn er sich so verhält?

Natürlich hat sich der Kellner entschuldigt. Dessen Chef kam nachher auch noch vorbei. Alles schön und gut. Aber was kann der arme Kellner in dem Moment dafür?

Wir hatten vor Jahren eine ähnliche Situation in Mailand.

Ebenfalls ein Gast, der sich lautstark auf Englisch beschwerte. Also richtig laut. Und die Italiener sind ja auch nicht gerade ruhige und zurückhaltende Menschen. Daran hatte dieser Gast in seiner Rage aber nicht gedacht. Denn das Ganze endete so, dass der Chef des Restaurants den Gast vor die Tür gesetzt hat. Und das auch noch unter Applaus der anderen Gäste.

So etwas ist natürlich bei uns unvorstellbar. Wobei? Manchmal müsste man es an deren Stelle genauso machen. Einfach den Gast freundlich vor die Tür bitten. Aber andere Länder andere Sitten. Das kennen wir ja.

Der zweite Fall ereignete sich in einem Hotel in Barcelona. Die Gegebenheiten dort waren wie folgt: Ein sehr großes und gutes Hotel, in der zweiten Reihe zum Meer gelegen. Ein kleiner Pool im Erdgeschoss und ein noch kleinerer auf dem Dach der Anlage.

Der Pool auf dem Dach war immer sehr begehrt. Viele „Liegenreservierer" waren auch hier direkt morgens vor dem Frühstück unterwegs. Der untere Pool war also relativ schnell belegt, aber je nach Uhrzeit konnte man dort noch ein Plätzchen ergattern.

Wir kamen eines Nachmittags nach einer Stadttour an diesen Pool und wollten uns dort ein bisschen erholen.

Zwei Liegen waren frei, also hin zu der Dame, die die Handtücher verteilt. Als wir die Handtücher entgegennahmen, sagte sie, dass der Pool allerdings in 30 Minuten geräumt werden müsse, weil auf der benachbarten Terrasse eine Firmenveranstaltung stattfindet. Wir könnten aber den anderen Pool nutzen.

Was haben wir also getan? Wenig erfreut sind wir mit dem Fahrstuhl auf das Dach des Hotels gefahren und mussten erkennen, dass dort natürlich alles belegt war. Wo sollten wir uns jetzt erholen?

Es blieb uns nichts anderes übrig, als unsere Sachen zu packen und ab zum Strand zu gehen. War dann auch eine Erholung, aber war eigentlich anders geplant. Okay, es war erst 15.30 Uhr. Also war noch genügend Zeit, um sich von der Hitze der Stadt zu erholen.

Zwei Tage später wollten wir vormittags an den unteren Pool gehen, als uns dieselbe Dame sagte, dass auch heute ab ca. 14.00 Uhr der Pool gesperrt sei, weil auf der Terrasse wieder eine Firmenveranstaltung stattfindet.

Na toll. Zum zweiten Mal keine Chance in Ruhe am Pool Zeit zu verbringen. Wir waren schon ganz schön sauer. Was können wir dafür, wenn die Mitarbeiter dieser Firma dort eine Veranstaltung haben. Ist doch nicht unser Problem.

Um einiges mehr erbost, war ein anderes Pärchen, dass das wohl schon zum vierten Mal miterlebt hat. Die waren richtig sauer. In dem Moment kam der Hotelmanager vorbei und bekam erst mal sein Fett weg. Aber wie, kann ich Ihnen sagen. Zu der Zeit war dort ein deutscher Hotelmanager, so dass es auch keine Sprachprobleme gab. Wir hörten uns das aus geringer Entfernung erst mal in Ruhe an.

Was und wie der ihm alles an den Kopf geworfen hat, möchte ich an dieser Stelle gar nicht wiederholen. Genützt hat es nichts, denn wir mussten alle zu besagter Zeit den Pool verlassen. Ist uns so auch noch nicht passiert.

Wie hätten Sie reagiert?

Ich habe mit meiner Frau darüber gesprochen und wir kamen zu der Erkenntnis, dass wir auch mit dem Hotelmanager darüber sprechen müssen, aber auf eine andere Art und Weise.

Die Attacke des anderen Pärchens fand ja direkt am Pool statt. Die Menschen waren dementsprechend gekleidet. Andere Gäste, so wie wir auch, saßen in der Nähe und konnten alles mitbekommen.

Wir haben erst mal eine gewisse Zeit vergehen lassen, haben uns für den Abend vorbereitet und sind dann zur Rezeption gegangen, um den Manager zu sprechen.

Warum war das an dieser Stelle so wichtig? Wir hatten die Möglichkeit unseren Zorn herunterzufahren, das Ganze aus der Sicht des Hotels zu sehen und so mit einem ganz anderen Auftreten, als die Gäste vorhin, mit dem Chef des Hauses zu reden.

Der Manager empfing uns dann auch sofort. Wir begrüßten uns und er fragte, was er denn für uns tun könne?

Ich habe dann gesagt, dass wir mit ihm über die Poolsituation sprechen wollten und fing mein Gespräch wie folgt an:

„Herr ..., ich schätze Ihr Hotel sehr in Bezug auf die Qualität, den Service und die Freundlichkeit Ihrer Mitarbeiter. Folgendes ist jetzt schon zum wiederholten Male passiert ... Ist es denn in Ihrem Sinne, dass sich ein Hotel Ihrer Kategorie, mit solcher Vorgehensweise Ihre Kunden verärgert?"

Seine Antwort: *„Nein, natürlich nicht und das tut uns auch sehr leid."*

„Da bin ich ja froh. Was schlagen Sie denn vor werden Sie tun, damit das so in dieser Form nicht wieder passiert?"

„*Das ist leider abhängig von unseren Veranstaltungen die wir hier im Hause haben. Aber wir werden ab sofort am Vorabend mit einer Beschilderung darauf hinweisen, wenn es am nächsten Tag zu Einschränkungen kommt. Das hätten wir schon eher machen sollen.*"

Er bedankte sich für unser Verständnis und lud uns an der Bar noch zu einem Cocktail ein. Das nahmen wir dankend entgegen und hatten noch einen schönen Abend.

Worum geht es dabei? Wir haben uns in diesem Buch ja schon intensiv mit dem Thema „**Wirkung**" beschäftigt. Und gerade in solchen Situationen kommt es genau darauf an, nämlich wie man auf den anderen wirkt.

Wir können auch hier unserem „Neandertaler" freien Lauf lassen und sehr laut oder aggressiv werden. Wir können aber auch mit einer ganz bestimmten Art und Weise auf Menschen zugehen und damit vielleicht viel mehr erreichen.

Unter dem Aspekt „**Alles hat zwei Seiten**" betrachtet, wie würden Sie an der Stelle des Hotelmanagers reagieren? Zum einen am Pool direkt und zum anderen abends an der Rezeption?

Wo wären Sie als Chef eher bereit, Verständnis oder sogar Reue zu zeigen und darüber nachzudenken, was man verändern kann, damit alle Gäste zufrieden sind? Die Antwort ist denke ich klar.

Jetzt ist das aber auch wieder eine Sache des Bewusstseins. Denn so, wie der laute Mensch am Pool reagiert hat, war das rein aus dem Unterbewusstsein, also rein gefühlsmäßig.

So wie wir reagiert haben, war es aus dem Bewusstsein heraus. Mit einer gewissen Entfernung und Ruhe. Mit einer bestimmten Art der Formulierung.

Denken wir doch mal darüber nach, wie es dem anderen Pärchen geht? Die sind sauer vom Pool weggegangen, waren nachmittags frustriert, abends wahrscheinlich immer noch sauer und haben entschieden, dass sie in dieses Hotel nicht wieder fahren werden.

Wie geht es uns? Okay, wir waren zuerst auch sauer. Ganz klar. Aber nach dem Gespräch mit dem Hotelmanager fühlten wir uns gut, die Stimmung war gut, die Cocktails schmeckten und wir konnten dafür sorgen, dass niemand sein Gesicht verliert. Denn man sieht sich ja im Leben immer zweimal. In diesem Fall sogar noch öfter.

Welchen Punkt können wir für uns festhalten?

Auf die persönliche Wirkung kommt es an!

<u>Entscheidend ist doch nicht was ich weiß, was ich kann oder wer ich bin. Sondern wichtig ist, wie ich mit diesen Fähigkeiten auf meine Gegenüber wirke. Für den ersten Eindruck gibt es keine zweite Chance.</u>

Ein sehr schönes Beispiel dazu ist das Thema Trinkgeld. Das begleitet uns natürlich in vielen Situationen während unseres Urlaubes, aber auch zu Hause gibt es Restaurantbesuche, Werkstattaufenthalte und vieles mehr, bei denen wir Trinkgeld geben können.

Aber beim Thema Trinkgeld scheiden sich ja in der Regel die Geister. Der eine gibt zu viel, der andere zu wenig und noch ein anderer gibt gar kein Trinkgeld.

Wann ist denn aus Ihrer Sicht ein Trinkgeld angebracht? Und wenn ja, wie hoch sollte es sein?

Nehmen wir mal an, wir sind gerade im Hotel angekommen. Waren mit dem Taxi vom Flughafen unterwegs. Jetzt geht es ja schon los. Das erste Mal, dass Trinkgeld fällig wird, oder?

Vorausgesetzt wir waren mit dem Fahrer und seiner Fahrweise zufrieden. Wieviel geben wir jetzt? Ich glaube die meisten runden hier so im ein bis zwei Euro Bereich auf. Kommt das hin?

Okay. Jetzt sind wir also in unserem Urlaubsdomizil angekommen und ein Page bringt uns die Koffer auf unser Zimmer. Geben Sie hier ein Trinkgeld?

Wieviel? Fünf Euro? Sind passend, oder?

Jetzt gehen wir abends lecker essen, sind mit allem Drum und Dran zufrieden, also was machen wir? Wir geben wieder Trinkgeld. Wieviel an dieser Stelle?

Es gibt ja gerade in Restaurants diese Faustformel, dass man sagt, so circa zehn bis fünfzehn Prozent sind angebracht. Wie gesagt, nur unter der Voraussetzung, dass alles zufriedenstellend war.

Meine Frau schimpft oft mit mir, weil ich ihrer Meinung nach häufig zu viel Trinkgeld gebe. Also nicht, weil sie geizig ist. Nur weil sie sagt, dass das komisch wirkt, wenn man zu viel Trinkgeld gibt.

In welcher Form, habe ich mir gedacht, wirkt das komisch? Ist das herablassend, wenn man zu viel Trinkgeld gibt? Wirkt das irgendwie dekadent oder überzogen? So nach dem Motto, ich habe es doch, aber du arme Sau musst hier für einen Hungerlohn schuften!?

Habe ich so vorher noch nicht drüber nachgedacht. Ich denke aber, genau an dieser Stelle ist unsere Wirkung entscheidend. Denn wenn wir das mit Freude machen, dann spürt das der andere auch.

Wenn wir da den „dicken Larry" raushängen lassen, dann wirkt das Ganze eher abstoßend.

Genauso auf der anderen Seite, wenn man unzufrieden war. Mit dem Essen, dem Service oder dem Umfeld. Da sagt meine Frau dann auch manchmal, denen gibst Du aber kein Trinkgeld, das haben die nicht verdient.

Hat sie grundsätzlich ja auch Recht mit. Ich denke dann immer nur einen Schritt weiter. Was kann der Kellner dazu, wenn das Essen nicht geschmeckt hat? Was können der Koch oder der Kellner dazu, wenn die Plätze schrecklich waren, wo wir saßen?
Wissen Sie, was ich meine? Die machen ja auch nur ihren Job. Aber vielleicht bin ich auch zu gutmütig. Ich sollte öfter mal auf meine Frau hören.

Wobei, wenn ich so drüber nachdenke, hört sich das schon so an, als wenn meine Frau bei uns das Kommando hat, oder? Na gut, meistens ist das auch so, ich gebe es ja zu. Aber nur meistens, nicht immer.

Zurück zur Wirkung von uns Menschen. Wir sehen also auch wieder anhand dieser Beispiele, wie unterschiedlich die Wirkung auf andere sein kann. Wir sind ja auch nicht perfekt. Oft meinen wir es gut, aber es kommt ganz anders an.

Es ist die klassische Situation zwischen Sender und Empfänger. Passend dazu eine wichtige Frage an Sie:

Was ist denn in solchen Situationen entscheidend, was der Sender von sich gibt oder was beim Empfänger ankommt?

Immer das, was beim Empfänger ankommt. Und das trifft ja auf alle Bereiche unseres Lebens zu. Wir wollen jemanden motivieren, aber er fühlt sich manipuliert.

Zu diesem Thema wurde vor langer Zeit dem bekannten Unternehmer Phillip Rosentahl in einer Talkshow mal die Frage gestellt:

„Wo sehen Sie eigentlich den Unterschied zwischen Motivation und Manipulation?"

Darauf antwortet er: *„Für mich existieren beide Begriffe gar nicht mehr. Für mich gibt es nur noch eins..."*

Motipulation!

Er sagte weiter, er könne mittlerweile gar nicht mehr sagen, wo das eine aufhört und das andere anfängt? Deshalb gäbe es für ihn nur noch Motipulation.

Ein Trainingsteilnehmer hat passend dazu einmal folgendes Bild an die Wand geworfen.

Er hat gesagt:

"Wenn A mit B so redet, dass er zu ihm sagt: Ich will, dass Du das Ziel erreichst, dann wäre das aus seiner Sicht eher Manipulation."

"Wenn A mit B allerdings so redet, dass B sagt: Einverstanden, wir wollen das Ziel erreichen, dann wäre es aus seiner Sicht eher Motivation."

Dann taucht natürlich die Frage auf: Was liegt denn eigentlich vor, wenn A den B so manipuliert, dass B sich motiviert fühlt? Ist das Manipulation oder Motivation? Das ist Motivation.

Warum? Wir haben hier die gleiche Situation, die wir gerade schon angesprochen haben. Ist entscheidend was der Sender von sich gibt oder ist entscheidend, was beim Empfänger ankommt? Richtig, nur was ankommt zählt.

Wenn A also B von ganzem Herzen motivieren möchte, aber B fühlt sich manipuliert, dann ist das in die Hose gegangen. Wenn A den B eiskalt manipuliert, aber B fühlt sich motiviert, dann war das in dem Moment richtig.

Wir sehen also, wir können als Außenstehender niemals sagen, was zwischen zwei Menschen passiert, denn das einzige was zählt, ist immer wie etwas beim Empfänger ankommt.

Ganz schön umfangreich dieses Thema **„Wirkung"**.

Also wenn Sie im nächsten Urlaub Ihre Frau motivieren wollen, mit Ihnen einen Tauchkurs zu machen, dann sollten Sie vielleicht nicht sagen:

„Schatz, komm' lass uns mal zusammen einen Tauchkurs machen, das wird bestimmt eine tolle Erfahrung."

Sie sollten vielleicht eher sagen: *„Komm' lass uns mal zusammen einen Tauchkurs machen, ich kaufe Dir heute Abend auch ein paar neue Schuhe."*

Ist das dann Motivation oder Manipulation? Entscheiden Sie selbst. Es ist aber keine Garantie, dass es auch funktioniert. Manchmal läuft man damit auch richtig gegen die Wand. Aber daraus kann man ja dann auch lernen.

Apropos Lernen. Es geht ja für uns Menschen immer darum zu lernen, oder? Sich weiterzuentwickeln, immer besser, schneller oder sicherer zu werden, indem was wir tun und wie wir es tun

Das funktioniert leider nur nicht immer sofort oder so, wie man es gern möchte.

Ein Trainerkollege von uns hat vor Jahren mal ein Gespräch mit einem Vorstand aus der Schweiz geführt.

Das war ein Vorstand eines großen Gemischtwarenkonzerns. Der Kollege kam von diesem Gespräch zurück und sagte zu uns:

"Ihr könnt Euch gar nicht vorstellen, was dieser Vorstand für ein Schild auf seinem Schreibtisch stehen hat und zwar sich selbst zugewandt. Ratet mal."

Na ja, wir haben dann die ganzen schlauen Sprüche rausgelassen, die uns so eingefallen sind und er sagte nur: *"Nein, ist alles falsch. Dort steht folgendes..."*

Blamiere Dich täglich!

Wir haben ihn etwas verdutzt angeguckt, genauso wie Sie jetzt wahrscheinlich auch gerade gucken und haben ihn gefragt, wieso er dieses Schild dort stehen hat? Kann der da nicht irgendeinen schlauen Spruch oder irgendetwas von Goethe oder Shakespeare darauf haben?

Und der Kollege, der nicht auf den Mund gefallen ist, der hatte diesen Vorstand auch einfach darauf angesprochen. Er hat zu ihm gesagt:

"Ich sehe da diesen Spruch auf Ihrem Schreibtisch, darf ich Sie fragen, welche Bedeutung das für Sie hat?"

Und der Vorstand sagte nur: *"Na klar. Der Hintergrund ist der."*

„Wie kann ich Tag für Tag für mein Unternehmen die wichtigsten Entscheidungen treffen, wenn ich mich vorher erst mal fragen muss, ob ich mich damit eventuell auch blamieren könnte?
Wie kann ich als Mensch die beste Entscheidung treffen, wenn ich Angst vor der Sache habe?"

Und wir haben dann noch eine Weile darüber gesprochen und haben gemerkt, wie wichtig dieser Satz **„Blamiere Dich täglich"**, bzw. diese innere Einstellung ist. Wenn wir diese innere Einstellung haben, zu sagen „Blamiere Dich täglich", dann kann uns doch eigentlich nichts passieren. Wir nehmen dann endlich mal wieder Dinge in Angriff, die wir sonst immer vor uns hergeschoben haben. Okay, vielleicht blamieren wir uns in irgendeiner Art und Weise, aber was haben wir dann auf jeden Fall auch gemacht?

Richtig, wir haben gelernt. Denn so würden wir das Ganze dann ja nicht wieder machen. Also können wir mit dieser Einstellung nur gewinnen.

Ist das nicht auch eine wunderbare Einstellung für Ihren nächsten Urlaub?
Also nicht irgendwo hinzufahren mit der Absicht sich bewusst zu blamieren, das machen andere schon zur Genüge. Aber die richtige innere Einstellung zu haben und daraus resultierend ganz anders auf bestimmte Menschen oder Situationen zuzugehen?

Mal zu versuchen die Landessprache zu sprechen, auch wenn es nur ein paar Brocken sind.

Sich den Gegebenheiten und Gewohnheiten der Bevölkerung mal etwas anzunähern. Alles vielleicht mal etwas entspannter zu sehen.

Mal über seinen eigenen Schatten zu springen und dem Partner, den Kindern etwas mehr entgegenkommen.

Die eigenen Wünsche und Ziele für den Moment einfach mal hinten an zu stellen.

Dinge zu tun, die man noch nie getan hat. Also positive Dinge natürlich. Sachen, die man immer gern vor sich hergeschoben hat oder sich einfach nicht getraut hat. Einfach mal „ins kalte Wasser springen".

Das Handy und das Tablet einfach mal im Tresor lassen, um frei und entspannt zu sein.

Klingt das nicht alles wunderbar?

Dann machen Sie es! Lesen allein nützt nichts, Sie müssen es auch tun!

Sie müssen ja nicht alles auf einmal machen. Fangen Sie mit dem einen oder anderen an. Wenn Sie damit erfolgreich sind und sogar Freude daran haben, kommen die anderen Sachen von ganz allein. Es wird aber nur funktionieren, wenn Sie es bewusst machen, das heißt, wenn Sie es wollen. Nur dann kann das Ganze erfolgreich verlaufen.

Ich sage bewusst kann, denn es sind keine Rezepte über die wir hier sprechen. Bei denen man sagen kann, ich wende sie an und werde mit hundertprozentiger Sicherheit Erfolg haben. Nein, so etwas gibt es nicht.

Es sind Erfahrungswerte, die vielen Menschen in den unterschiedlichsten Situationen weitergeholfen haben. Also warum nicht auch Ihnen?

Wenn wir das nämlich konsequent machen, dann werden wir unsere jeweiligen Urlaube viel bewusster erleben. Wir werden mehr Freude daran haben, uns besser erholen, mehr Erlebnisse abspeichern und uns viel länger daran erinnern.

Aber in diesem vorletzten Satz ist ein ganz wichtiges Wort versteckt: Konsequent.

Was würden Sie denn über sich selbst sagen? Sind Sie ein konsequenter Mensch?

Wenn ja, in welchen Situationen? Bei der Arbeit? Mit der Familie? Beim Sport? Mit Ihren Hobbys? Bei der Ernährung? Bei finanziellen Dingen? Oder einfach generell bei allem?

Ich habe mittlerweile aufgrund meines Berufes sehr viele Menschen kennengelernt. Vorstände, Geschäftsführer, Führungskräfte jeglicher Art, Verkäufer, Berater, Techniker, Ingenieure, usw.

Was glauben Sie, wie viele dieser Menschen von sich behauptet haben, sie seien konsequent? Viele, sehr viele. Und was hat sich im Laufe unserer Zusammenarbeit herausgestellt? Dass die meisten es nicht waren. Warum nicht?

Das hatte ganz unterschiedliche Gründe. Zu nett. Angst. Kein Rückgrat. Kein Vertrauen in sich selbst. Keinen festen Willen. Nicht die richtige innere Einstellung und vieles mehr.

Kann man lernen konsequent zu sein? Ja klar. Was braucht man dazu? Einen guten Trainer!

Okay, Spaß beiseite. Ein bisschen Eigenwerbung muss ja auch mal sein.

Also ganz im Ernst, was braucht man dazu, um konsequent zu sein?

Einen festen Willen sagen Sie? Mit Sicherheit.

Eine gewisse Erfahrung? Das ist auch wichtig.

Ein gesundes Maß an Selbstbewusstsein? Auch das sollte man haben.

Wir sollten uns nur darauf einigen, dass wir Konsequenz nicht mit Sturheit verwechseln. Das ist damit nämlich nicht gemeint. Es gibt viele Menschen, die von sich sagen: Ich bin eben ein Sturkopf oder ein Dickschädel.

Also bin ich konsequent. Auf eine gewisse Art und Weise mag das stimmen. Was wir unter dem Begriff Konsequenz verstehen, ist aber etwas Anderes.

Wenn ein Trainingsteilnehmer mit mir über eine bestimmte „Hausaufgabe" diskutieren möchte, dann kann ich mich auf die Diskussion einlassen. Mit der Gefahr, dass ich hinterher nachgebe oder wir mit zwei verschiedenen Meinungen auseinandergehen. Eine Diskussion bringt meistens sowieso keine Lösung, sondern nur verschiedene Meinungen.

Wenn ich meinem Teilnehmer aber ganz klar zu verstehen gebe, dass ich über dieses Thema nicht diskutieren werde, dann bin ich konsequent.

Einer hat mal zu mir gesagt: *„Mit Ihnen kann man ja gar nicht diskutieren."* Meine Antwort: *„Da haben Sie Recht."*

Ich hatte mal einen Teilnehmer, der über alles und jedes diskutieren wollte. Dem habe ich dann folgendes gesagt:

„Herr XY, wir können gern über dieses Thema diskutieren. Aber nur unter einer Voraussetzung, nämlich wenn ich nachher Recht bekomme!?"

„Dann brauchen wir ja auch nicht zu diskutieren."
„Sehen Sie, so einfach ist das."

Zu hart? Nein. Nur Konsequent.

Das gefällt natürlich nicht jedem. Aber da muss man dann drüberstehen. Ich weiß ja, warum ich es auf diese Art und Weise mache. Es ist nur zu seinem Wohl. Auch wenn er das in dem Moment vielleicht ganz anders sieht.

Wir kommen gerade wieder etwas von unserem Thema Urlaub ab.

Inwieweit ist es in einem Urlaub wichtig konsequent zu sein?

Wir haben ja schon drüber gesprochen. Es fängt bei der Urlaubsplanung an. Da muss man schon mal konsequent sein. Bei dem Gespräch mit der Familie ebenso. Im Flugzeug muss man konsequent seine Armlehne verteidigen. Am Pool oder am Strand muss man konsequent seinen Bauch einziehen. Bei dem Trinkgeld muss man konsequent sein. In den Gesprächen mit dem Partner oder den Kindern muss man konsequent sein.

Gerade bei Familien mit Kindern erlebt man doch so häufig, dass ein Elternteil NEIN sagt und der andere Elternteil auf einmal JA sagt. Was soll das Kind daraus lernen? Wenn ich etwas will, gehe ich nur noch zu dem einen Elternteil? Es gibt doch nichts Schlimmeres, als wenn der Eine so sagt und der Andere so.

Das Kind ist der lachende Dritte. Die Eltern geraten sich in die Wolle. *„Wie kannst Du nur JA sagen? Ich habe es doch schon verboten." „Ach sei doch nicht so. Es ist doch Urlaub."*
Und schon fangen die Diskussionen über die richtige Kindererziehung an. Und der Urlaub endet in einem Fiasko. Das Kind hat seinen Spaß. Oder auch nicht, wenn es die Eltern so sieht.

Die Eltern machen gute Miene zum bösen Spiel, zanken sich dann aber in einer Tour, wenn das Kind schläft oder wenn sie wieder zuhause sind.

Meinen Sie, liebe Eltern, dass das Ihr Kind nicht mitbekommt?

Natürlich bekommt es das mit. Wenn nicht bewusst, dann auf jeden Fall im Unterbewusstsein. So gute Schauspieler können Sie gar nicht sein. Ihr Kind spürt auf einer anderen Ebene, dass da gerade etwas nicht gut läuft. Es ist allerdings noch viel zu klein, um zu sagen: Okay, NEIN heißt nein. Also gehe ich nicht noch zu Vater oder Mutter, sondern akzeptiere es. Soweit denkt doch kein Kind. Das Kind ist egoistisch. Es will am liebsten direkt nach dem Mittagessen wieder in den Pool oder ins Meer springen. Nicht erst mal eine Stunde warten und verdauen. Was soll der Quatsch? Wir sind doch hier im Urlaub. Da will ich Spaß haben.

Also wird so lange gequengelt, bis irgendeiner nachgibt.

Das Kind planscht im Pool und ist glücklich. Die Eltern sitzen auf der Terrasse der Snackbar und versuchen sich gerade mit Blicken zu töten. Wenn es ganz schlecht läuft, beginnt jetzt wieder eine dieser endlosen Diskussionen.

Kennen Sie solche Situationen? Haben Sie alles schon erlebt? Na dann ist es ja gut, dass wir mal drüber sprechen.

Woran liegt das, dass solche unschönen Momente so oft passieren? Es gibt eine relativ einfache Erklärung dazu:

Menschen denken in Einbahnstraßen!

Sie lesen richtig. Wir Menschen denken immer in Einbahnstraßen. Wie sind nicht in der Lage bewusst an mehrere Dinge gleichzeitig zu denken. Man hat ja früher gesagt, Napoleon wäre in der Lage gewesen mehrere Dinge gleichzeitig zu machen, aber an mehrere Dinge gleichzeitig denken, das konnte er auch nicht.

Wir kennen das ja von unseren Frauen. Die sind ja alle Multitasking fähig. Aber an mehrere Dinge gleichzeitig denken, das können sie auch nicht.

Und kennen wir das nicht auch von uns selbst?

Wir sitzen vor dem Fernseher, haben die Zeitung in der Hand, essen ein Stück Kuchen, streicheln den Hund und reden mit der Frau. Oder umgekehrt.

Wir machen viele Dinge gleichzeitig, das geht. Aber was davon machen wir bewusst? Wahrscheinlich gar nichts.

Und so ist das auch in den Fällen mit den Kindern, die wir gerade beschrieben haben. Die Frau z.B. ist sehr konsequent und sagt NEIN. Der Mann sieht in die großen Kulleraugen des kleinen Kindes und sagt JA. Er ist in seiner Einbahnstraße, die für ihn heißt: Ach das arme Kind. Lassen wir es das doch ruhig machen. Er kann aber in dem Moment nicht so weit denken, dass er mit dieser Entscheidung die Autorität seiner Ehefrau gegenüber dem Kind völlig untergräbt. Er denkt nur in seiner Einbahnstraße. Und dementsprechend handelt er auch.
Und schon haben wir den Salat. Das alles geschieht innerhalb weniger Sekunden und es findet rein im Unterbewusstsein statt.

Was können wir daraus lernen? Das oftmals die Eigenschaft „Schlagfertigkeit", die ja von vielen Menschen als positive Eigenschaft genannt wird, nicht immer unbedingt etwas Positives sein muss.

In vielen Situationen ist es wesentlich besser, vorher über die Konsequenzen nachzudenken und erst dann zu handeln oder zu sprechen.

Das sagt sich aber immer so leicht. Es gibt in der Praxis eines jeden einzelnen wahrscheinlich unzählige Beispiele, wo genau das nicht geklappt hat.
Wir haben spontan reagiert und merken oft schon in der nächsten Sekunde, dass es Mist war, so zu reagieren.

Wobei, wenn wir es denn merken, dann kann man manchmal noch reagieren und Schlimmeres verhindern. Gefährlich wird es dann, wenn wir es nicht merken, dass wir gerade Mist gebaut haben oder es einfach nicht einsehen wollen.

Dann ist eine Diskussion oder ein Streit vorprogrammiert. Und das will ja eigentlich keiner.

Viele Menschen sagen, dass zu einer guten Beziehung auch immer mal ein Streit gehört. Sehen Sie das auch so? Muss das sein?

Vielleicht gehört es dazu. Möglicher Weise ist es normal, sich auch mal zu streiten. Aber ist das ein Zeichen einer guten Beziehung?

Während eines Streits geht es doch keinem gut. Danach läuft auch keiner freudestrahlend durch die Gegend und sagt:

„Ach, das war schön. Mal wieder so ein kleiner Streit." Und im Urlaub ist das doch erst recht völlig fehl am Platz, oder?

Allerdings gehen die Definitionen zu dem Begriff Streit wahrscheinlich auch sehr weit auseinander. Für die einen ist es schon ein Streit, wenn es um eine „normale" Meinungsverschiedenheit geht. Für die anderen ist ein Streit erst dann ein Streit, wenn sich zwei Menschen richtig laut anschreien.
Letzteres muss ja nun wirklich nicht sein. Meinungsverschiedenheiten sind ja ganz normal. Wäre doch auch unnormal, wenn alle Menschen die gleiche Meinung hätten.

Ich weiß nicht, wie es Ihnen in Ihren letzten Urlauben ergangen ist oder was Sie so bei anderen Paaren oder Familien beobachtet haben, aber hilfreich ist das doch nie, oder?

Auch hier sollten wir konsequent sein. Konsequent mit uns selbst. Mal über unseren eigenen Schatten springen. Dem Partner auch mal Recht geben. Mal selbst zurückstecken. Nicht so ein Sturkopf sein.

Ob ich da aus eigener Erfahrung spreche? Na klar. Wie oft habe ich mich früher in eben solchen Situationen wiedergefunden. Was ist meistens dabei rausgekommen?

Nichts Gutes. Streit. Stress. Ärger. Auf jeden Fall kein angenehmer und erholsamer Urlaub. Leider nicht. Aber man ist jung und macht Fehler.

Wichtig ist es, daraus zu lernen. Das ist wiederrum leicht gesagt, denn in dem Moment denkt doch keiner daran: Ach, wir haben hier gerade einen Streit, da muss ich jetzt draus lernen.

Nein, in dem Moment will man Recht haben, seinen Willen durchsetzen.

Lernen kann man meistens erst mit einem gewissen Abstand oder mit mehr Erfahrung.

Da haben wir auch wieder so ein schönes Stichwort, Erfahrung. Wie soll man in jungen Jahren genügend Erfahrung haben? Das kann doch gar nicht gehen.

Besonders schön sind auch immer diese Stellenanzeigen: Suchen jungen, erfahrenen Menschen im Bereich XY. Zwischen 22 und 28 Jahren.

Na prima. Wenn er jung ist, wie soll er über genügend Erfahrung verfügen? Wer meldet sich auf so eine Anzeige? Die über 30-jährigen trauen sich alle nicht. Die Mitte 20-jährigen Studenten bewerben sich auch nicht, weil sie ja noch keine Erfahrung haben. Wie auch? Die meisten sind ja reine Theoretiker.

Okay, bis auf diejenigen, die fleißig während ihres Studiums gejobbt oder die verschiedensten Praktika gemacht haben.

Also, falls Sie einer dieser jungen Leute sind und gerade irgendwo im Urlaub unter dem Sonnenschirm dieses Buch lesen, dann freuen Sie sich. Denn Sie haben eines den anderen Menschen neben Ihnen voraus. Sie lesen gerade dieses Buch und können die ganzen wertvollen Werkzeuge direkt für sich nutzen und daraus lernen. Wenn Sie es denn wollen. Das ist natürlich eine wichtige Voraussetzung.
Wenn Sie es nur lesen, um sich zu unterhalten, dann ist das auch völlig in Ordnung. Aber nicht, dass Sie nachher doch aus Versehen das ein oder andere davon umsetzen.

Wenn Sie einer dieser etwas älteren, erfahreneren Menschen sind und ebenfalls gerade dieses Buch lesen, während Sie es sich im Urlaub unter den Palmen gut gehen lassen, dann überprüfen Sie sich doch bitte einfach mal selbst.
Haben Sie vielleicht ähnliche Erfahrungen gemacht, wie sie hier beschrieben wurden oder entdecken Sie sich in manchen Situationen wieder, dann ist das prima. Dann ist es entweder eine Bestätigung Ihres richtigen Handelns oder eine Aufforderung zur Tat.

Und zwar eine Aufforderung dazu, auch in reiferem Alter noch Dinge anzunehmen, die einen selbst oder andere Beteiligte einen Schritt weiterbringen. Das alles ist ganz allein Ihre Entscheidung.

Und wenn das alles auf Sie nicht zutrifft, weil Sie sagen, das kann mir so nicht passieren. Ich habe das alles wunderbar im Griff, dann herzlichen Glückwunsch. Denn dann sind Sie schon nahe dran am perfekten Menschen.

Aber auch hier wieder eine Frage an Sie:

Gibt es den überhaupt? Den perfekten Menschen?

Das müsste dann ja eigentlich schon ein Roboter sein, oder? Und wer will schon wie ein Roboter sein?

Wir zeichnen uns doch dadurch aus, dass wir eben nicht perfekt sind, dass wir Fehler und Macken haben. Und das ist auch gut so. Alles andere wäre langweilig.

Was abschließend aber noch mal ganz wichtig ist, ist folgendes:

Lassen Sie und doch wieder mit mehr Freude, mit mehr positiver Energie durch die Welt gehen. Egal ob wir jetzt im Urlaub sind, ob wir bei der Arbeit fleißig sind oder ob wir uns zuhause im Kreise unserer Familie befinden.

Lassen Sie uns die ganzen negativen Dinge, negativen Gedanken beiseiteschieben, weg damit.

Wir neigen so oft dazu, uns über Dinge aufzuregen, etwas zu bemängeln oder über etwas zu meckern, anstatt dass wir uns mit den schönen Seiten des Lebens beschäftigen. Schauen Sie sich doch mal um. Gucken Sie mal nach links oder rechts. Was sehen Sie da?

Ihre Frau, Ihren Mann, Ihre Kinder, Ihr Haustier, Ihre Freunde, Ihre Kollegen, Ihre schöne Wohnung, Ihr tolles Haus, Ihr schickes Auto, leckeres Essen, tolle Getränke, schönes Wetter, Vögel die laut zwitschern, Schnee, Bäume, Berge, usw. usw.

„Verlängern" Sie diese schönen Dinge. Nehmen Sie sie bewusst wahr, erfreuen Sie sich daran.

Um Ihnen dafür abschließend noch einmal einen Anreiz zu geben, finden Sie hier alle angesprochen, praxisbezogenen Werkzeuge in gesammelter Art und Weise.

Ich wünsche Ihnen einen schönen, erholsamen und friedlichen Urlaub und viel Freude bei der konsequenten Umsetzung der angesprochenen Werkzeuge. Und immer daran denken:

Erfolg ist frei-willig!

WERKZEUGE

3 Hindernisse: ICH DU ES (Seite 5)

Vorstellungen bestimmen unser Verhalten (Seite 12 / 129)

Warum freue ich mich? Wie will ich andere motivieren, wenn ich selbst keinen Grund zur Freude habe? (Seite 15)

Ich entscheide selbst über wen oder was ich mich ärgere! Alles hat zwei Seiten! (Seite 35 / 89)

Neandertaler (Seite 42)

Wirkungsgesetze: Wir wirken immer! Es braucht gleich wenig oder gleich viel, um 100% positiv oder negativ zu wirken! Die Wirkung auf das Unterbewusstsein! (Seite 75)

Ebenbürtiges Verhalten! (Seite 86)

Behandle Deine Gegenüber so, wie Du auch gern behandelt werden möchtest! (Seite 86)

Menschen urteilen gefühlsmäßig (Seite 116)

Alles hat zwei Seiten / Jeder Mensch hat aus seiner Sicht gesehen Recht, denn er sieht es so! (Seite 89)

Menschen urteilen gefühlsmäßig! (Seite 116)

Erfolg ist frei-willig! (Seite 117)

Das Eisbergesetz: Der 1. Impuls, egal ob positiv oder negativ, zieht immer gleiche Impulse nach sich! (Seite 128)

Wer sollte wem sympathisch sein? Der Andere mir! (Seite 129)

Schattensprung: Mut zur Blamage! (Seite 146)

Schattensprung als Chance! (Seite 146)

Auf die persönliche Wirkung kommt es an! (Seite 165)

Manipulation oder Motivation? (Seite 168)

Blamiere Dich täglich! (Seite 171)

Menschen denken in Einbahnstraßen (Seite 179)

Sollte Ihnen dieses Buch gefallen haben, es sie zum Nachdenken angeregt haben oder Sie einfach nur unterhalten haben, dann werden Sie an weiteren interessanten "Ratgebern der besonderen Art" Ihre Freude haben.

<u>Der Autofahrer!</u>
<u>Verhaltenstraining am lebenden Objekt!</u>

<u>Der Mensch – der Egoist!</u>
<u>Verhaltenstraining am lebenden Objekt!</u>

<u>Der Golfer!</u>
<u>Verhaltenstraining am lebenden Objekt!</u>

Roman:

<u>H.P.T.M. GERECHTIGKEIT</u>